吉金著述叢刊

筠清館金石

〔清〕吴榮光 著

中國書店

圖書在版編目(CIP)數據

篘清館金石 / (清) 吴榮光著. -- 北京：中國書店，2025.1
（吉金著述叢刊）
ISBN 978-7-5149-3582-0
Ⅰ. ①篘… Ⅱ. ①吴… Ⅲ. ①金石學—研究—中國
Ⅳ. ①K877.24

中國國家版本館CIP數據核字(2024)第058208號

篘清館金石

〔清〕吴榮光著

責任編輯：趙文傑

出版發行：中國書店

地址：北京市西城區琉璃廠東街115號

郵編：10050

印刷：北京建宏印刷有限公司

開本：880㎜×1230㎜ 1/32

版次：2025年1月第1版第1次印刷

字數：135千字

印張：17.5

書號：ISBN 978-7-5149-3582-0

定價：185元

出版説明

《筠清館金石》（下文簡稱『《筠清》』）爲吴榮光所編書籍。吴榮光（一七七三—一八四三），字伯榮，一字殿垣，號荷屋、可盦，或署拜經老人、石雲山人，室名筠清館，廣東南海（今屬廣東佛山）人。吴氏官居高位，曾任貴州巡撫、湖南巡撫、湖廣總督等職。在仕途之外，吴氏嗜金石，好收藏，善書畫，《辛丑銷夏記》正是專門記述吴氏書畫鑒賞之著作。另外，吴榮光還著有《帖鏡》一書，僅存殘本，現藏於上海博物館。

《筠清》最早刊刻於清道光二十二年（一八四二），吴榮光在自序中將該書稱爲『筠清館金石録』，可見本欲同時收録金文與石刻材料。但由於種種原因，石刻内容并未刊刻。因此楊守敬翻刻該書時，直接將書名題爲『筠清館金文』，後世多以此名稱之。

全書共五卷，共收録銘文二百六十七件。銘文先以年代排列，相同年代的器銘再按照類別排列。書中所録器銘皆以摹本方式表現，摹本之下附有釋文，其後的跋文内容大多爲具體的字詞考釋以及銘文來源，間以介紹器物的尺寸、重量、器型、紋飾等相關資訊。

關於該書的編纂目的，吴榮光自述爲『非續《積古齋鐘鼎款識》，亦非續《金石萃編》，不過紀四十六年之所得』。然而如果聯繫《筠清》收録銘文的標準，則事實恐非如此。首先，該書凡例中明確指出所收銘文一般不與《積古》重複，而這樣的收録標準，在一定程度上本就屬於『續補』的性質。其次，能够直接印證《筠清》的『續補』性質的材料，當屬上海圖書館所藏朱善旂《敬吾心室鐘鼎款識》稿本自序中的記載：

道光乙未秋，阮太傅相國内用還朝……於是荷屋丈欲爲相國續《積古齋款識》，屬定龕作釋文，而徧屬諸同好者廣搜拓本且助之編纂。相國許之，遂各以拓本鈎取備刻，予亦在襄事之列。

可見，《筠清》與《敬吾》實際都是對阮元《積古》的續補之作。

該書的編纂過程比較曲折。據吴榮光在該書自序中所記，全書由龔自珍、陳慶鏞協助完成；後來吴氏又於蘇州抄得瞿中溶所輯金石文若干卷，與其子瞿樹辰校訂，至此《筠清》才得以成書。

書中的銘文考釋内容主要由龔自珍撰寫，《筠清》自序中記載：

一日廖工部甡來請曰，子之金文，龔定盦禮部鞏祚欲任校訂。余固知定盦研精籀篆，與家子苾編修搜訪若干，悉以付之。

但事實恐非龔氏「欲任校訂」，而是吳榮光囑托龔氏撰寫考釋題跋等内容。朱善旂《敬吾心室鐘鼎款識》稿本記述：

道光乙未秋，阮太傅相國内用還朝……於是荷屋丈欲爲相國續《積古齋款識》，屬定盦作釋文……

另外，吳氏在書中也存在隱瞞龔自珍貢獻的情況。因此龔自珍之子龔橙在批校《筠清》時多次表達不滿，甚至將吳榮光的上述記載批注爲「盜賊之言」。容庚曾經借觀梁啓超所藏《筠清》稿本，指出吳氏手筆只有稿本眉批的「見《積古》」或「見《積古》可删」等字樣。

《筠清》對銘文的考釋意見錯誤較多，主要在於龔自珍往往以經學家的理論去解釋銘文，常有穿鑿附會的情況。晚清時期的方濬益在《綴遺齋彝器考釋》中已有評價。另外，全書釋文歷經多人之手，也存在觀點意見前後不一的情況。

由於吴榮光的身份顯赫，且書中也收録不少新見金文材料，因此《筠清》刊成之後便産生了一定的影響，當時的許多學者紛紛對該書進行批識、校訂。孫詒讓《古籀拾遺》就有對該書中的二十二條釋文進行校訂。此外，中國國家圖書館亦藏有許瀚、陳慶鏞、龔橙、盛昱、陳介祺等學者的《筠清》批校本。

此次中國書店影印出版，所據底本爲中国书店自藏清道光二十二年（一八四二）吴氏自刻本。原书板框高二百九十一毫米，宽二百五十毫米。

中國書店出版社

二〇二四年十一月

目録

筠清館金石錄自序

從古至今名世者不知其幾千萬億人而生人之用大而掀天揭地小而名物象數又小而至於一事之可傳一言之足錄其精神命脈直貫乎幾千萬億載而不可窮也於是乎有史史不備則當求之金石矣金有時而寒石有時而泐則當求之金石搨本矣余少好金石文字年廿六宦游京師於藏家及書肆所有手抄而郵索得若干卷宦蹟所至於陝於閩於浙於黔楚又得若干卷道光丙申再入都以京卿需次時阮儀徵相國師積

古齋金文已得全分搨本碑碣文則聚數十箱帶回粵東憶在楚南時石文曾延陳戶部傳均黃學博本驥抄出一日廖工部甡來請曰子之金文龔定盦禮部鞏祚欲任校訂余固知定盦研精籀篆與家子苾編修搜訪若干悉以付之余再出爲閩藩則以此事屬陳禮部慶鏞敦促成書書存陳處及余解組已先得其十之八九餘亦郵索寄還及余歸里適子苾守南安途次盡出所有以補余之不足而金文亦庶幾備矣嗣以海氛告警廹及佛山客游桂林金文挾之以行石文之存家者屬

樸園家弟作百牛署捆至前歲寓吳門抄得嘉定瞿木夫中溶金石文若干卷暇日念千秋之業四十餘年之積聚千百萬里之所歷艮朋德友之所遺不可失也遂日與木夫之子申之樹辰撿校相國師所撰鐘鼎款識一家之金文已備王述菴祠司寇金石萃編亦久已家有其書萃編內石多金少並有石之陰側未全或剝蝕闕字據古本可補及現在搜羅所及凡金石文得其[redacted]千[redacted]百[redacted]十[redacted]種分爲二類曰款識曰碑碣其碑碣與述菴悉同者仍存其目統共[redacted]千[redacted]百[redacted]十[redacted]種名之

曰筠清館金石錄金文概依原本影抄石文則不分篆
隸悉用楷書付梓客居鮮書籍攷訂僅就前所錄成書
惟原文則校讐必謹欲得文字之真以俟來者較歐趙
僅存碑目而不全載原文者加詳焉嗟嗟余之有此故
紙也竭資力則傷財窮檀蠟則罷民運舟車則招謗而
卒以保古人千百年之精神命脈於不儆至老而不悔
也不亦重可哂乎甫發刻而敘其首如此
道光廿二年壬寅秋八月南海吳榮光書於粵西之桂
林一枝軒時年七十

凡例

一此書非續積古齋鐘鼎款識亦非續金石萃編不過紀四十六年之所得名之曰筠清館金石錄而卷帙浩繁積古萃編二書徧行海內已久故於萃編所有但存其目而二書所遺者悉錄全文石刻原碑行款字數悉照萃編例以存古人之真惟碑刻尺寸萃編用慮俿尺雖古而非今制今用

大清會典所載工部營造尺使覽者望知爲當代之書

一金文難識萃編摸刻又加草率竟有不辨爲何字

者此則行款字數悉照款識倒影鈔使人一目瞭然間有釋義各不同者均爲存入或原文難辨爲何字及原闕剝蝕不存者釋文概爲空出

一鐘鼎至古難定時代只列爲商周至秦漢以後有年號可考依次編入而錢笵印笵則附款識之後泉刀磚瓦近日出土甚多當另爲一書是以概從删削

一款識積古齋已有專書不必重複其積古齋字畫間有異同或原銘未全者悉爲補入

一碑碣如漢李翕平道記後魏梁鑒碑梁舊館壇碑隋啓法寺等碑萃編均未之載李翕平道記陝碑賈不識字自爲李禹自余始爲拈出梁鑒及啓法寺皆古搨此外如唐李懷仁温彦博等碑凡萃編未全者皆全文載入以爲攷古者之據

一萃編未見原文如化度寺等碑抄錄摹本錯誤甚多者據原碑悉錄全文以爲更正

一稧序亦碑碣類惟余所見宋游相原藏已有卅餘本合之家藏又得一百卅三本共一百六十餘本

另刻於帖鏡後故不攙入

一萃編止收金遼而不及元余謂元史待補甚多故

並收以備采擇

一珠林文字亦資考據如金剛經後秦鳩摩羅什唐

楊顥雨譯本及薛稷之龍門山涅槃經得見石刻

者悉錄全文與萃編稍異

一錢唐何夢華（元錫）常熟蔣伯生（因培）兩家金石文

俱歸筠清館是以搜羅較備惟宦途傳舍輙轉搬

移散失更望海內好古士爲我益之

筠清館金石錄總目

卷一款識類

卷二款識類

卷四款識類

周歸夂盤
周女𩛥盤
周曾伯愈夂鬲
周工鬲
周𠂤鬲
周王伯姜鬲
周晉姬鬲
周婦女鬲
周雷甗

卷五款識類

筠清館金石文字卷一

賜進士出身資政大夫湖南巡撫南海吳榮光撰
嘉定瞿樹辰校字

款識類

商仲東尊

中柬作旅車尊彝

右仲柬尊高九寸三分深八寸二分口徑八寸三分脰圍一尺六寸二分腹圍一尺九寸七分足徑五寸八分重五十六兩四錢五分腹周雷文間以饕餮鼻飾犧首純緣及足樸素無文銘七字按柬說文解字云胡慼切木垂花實从弓木聲弓讀若含上聲草木之華未發函然象形也上古彝器多自識其名考高辛氏有仲堪仲熊又仲虺仲衍世爲商之賢佐兹銘曰柬者殆即虺衍之族是器制

度淳厚銘辭簡畧飾無黃目絕少繁縟之致且活翠生朱粲然眩目定爲商器無疑曰旅車者龔自珍曰旅是祭名車形則受車服之錫而告其祖旅與出師載主卿行旅從皆無涉古器凡言旅者皆祭器凡言從者乃出行之器如從鉼從鐘從彝是也祭器不踰境踰境者用器耳於此發其凡焉

筠清館藏器

商鄘季尊

鄘季作寶尊彝

穆天子傳有鄘柏絜

吳子苾太守式芬搨本

商員父尊

員父作寶尊彝

陳壽卿藏器

商父癸尊

手持爵形　父癸

蘇州王味雪藏器

商父乙卣

重屋形 父乙

葉𥪕洲搨本

筠清館金石 卷一 四

商月形卣

廟形中庚　子辛　月形

庚者名也子者紀月也辛者紀日也說詳申月望鼎月爲哉生明之形則紀日也吳子苾云此非庚字審是甲見二字甲始也子始見於父廟而銘其鼎也其說亦通阮芸臺師謂凡廟形囗四面之堂也八冂乃

四堂之後相連之牆也即考工記所謂白盛盛者城也

吳子苾藏器

商辛卣

蓋

器

辛作寶彝　器蓋同

漢陽葉東卿兵部志詵藏器

商辛舉卣

辛舉

右辛舉卣通蓋高一尺一寸二分深七寸七分口縱四寸九分橫五寸八分腹圍二尺七寸足縱五寸二分橫六寸二分共重一百四十六兩獸鼻兩

耳純素有提梁高七寸飾以綯紐通體周以饕餮
雷文脰間列著山形蓋飾同器腹之四隅有棱若
觚蓋足亦均如之銘二字在器內蓋無銘按辛舉
二字見於彝器者大都釋辛爲商人名如祖辛小
辛廩辛之類然古人傳者少名見經傳者千萬之
一耳

筠清館藏器

商祖癸卣

蓋

器

析子孫祖癸 蓋文右行 器文左行

夏松如之盛藏器

商祖癸卣

蓋

器

祖癸鬲　器蓋同

夏松如藏器

商內言卣

蓋

器

內言 器蓋同

龔自珍曰史記集解引鄭康成書序注曰伊尹作肆命肆陳也陳其政教之命可見商有內言之官大誥序注曰洪大誥治者洪代言也可見周有內

言之官此銘云內言不能斷爲商爲周以其近古文存於商代似可也

筠清館搨本

商父乙爵

父乙冊
陸

說文菌圥地蕈也籀文作𡕒象地蕈叢生之形籀文陸字从之此𠂤旁从二圥乃籀文陸字之省吳子苾

筠清館金石　卷一　九

劉燕庭觀察喜海藏器

商父丙爵

魚形　父丙

仁和龔定盦禮部自珍藏器

商父丁爵

子八　父丁

八卽有子八人如高陽氏高辛氏有才子八人之

比釋爲析非也　凡爵一咮一尾一疐二角三趾

其有蓋者則又省二角大抵爵形非純雀形也彝

器有爲爵形者無爲雀形者也或以爲雀在木上

形者亦非　仁和龔自珍說爵羽琫山民曰天下
先有雀後有爵先有爵之器後有爵之字雀也者
兆爵者也爵也者兆古文爵者也古文也者兆小
篆者也謂爵象雀可乎可謂古文篆文象爵可乎
可謂古文篆文象雀可乎不可曷爲不可中隔一
重矣先言爵之象雀也何如曰前有流咮也甚修
頸也後有尾尾也甚銳尾之末也腹腹也甚圜腹
之鶩也腹旁有柄可容手翟也甚竦翟之舉也古
者既取諸雀以爲爵矣而加之以制度是故慮㐫

之洩其衉也爲之蓋慮飲之饕也爲之二柱植然
辥然慮二足之不安也減一翟增一足踆踆然慮
太素之不可爲禮也刻畫雲雷胡蘇然制若此此
聖智之所加於爵者也於雀何預何以言無預雀
二角一翟三趾未之聞未之聞夫古文篆文之象
爵也何如曰亦象爵形而已矣邉問雀哉小篆上
有覆承之以二柱其中爲腹其右象前其左引而
下垂也象後於是從鬯從又鬯以實之又以持之
若夫古文則無鬯也無又也上有覆如屋非蓋而

何有二柱有腹腹中有文相背如刻畫彡彰下垂三足非爵之全形而何曰爵之有蓋者無二柱有二柱者無蓋而制文字必兼象之何也曰制文字與制器固不同也夫古文篆文皆象器形而已矣遑問雀哉夫古文篆文易知也遇古器難予獲古爵七有柱無蓋者六有蓋無柱者一既手搨以謂學徒學徒見搨本識古器矣夙昔古文又難不識字而獲其器將疑器爲康瓠未見器而讀其字將疑字爲字妖且夫徒獲其器而不識字則曰古彝

器牘矣此有蓋者非爵徒識其字而未見器則曰
先民所言象形乃象味腹尾翼趾兩不可也予兩
遘天幸竊望達者說器徵諸字說字徵諸器又兩
俟之

吳于苾搨本

商父丁爵

父丁鋬內文 朔犧形○柱文

此爵當是告朔之器

葉東卿藏器

商父丁立戈爵

父丁鋬內文 立戈柱文

葉東卿藏器

商父丁爵

父丁 戈在櫝形

葉東卿藏器

商父丁爵

父丁

葉東卿藏器

商册丁㱃爵

册丁㱃

吳江王少吕藏器

商父巳爵

舟形爵形父巳

吳子苾搨本

商父巳爵

爵鋬内文　父巳柱文

鈞清館搨本

商父庚爵

父庚

者父省或釋作主此與積古齋所收一器畧同

葉東卿藏器

商庚爵

方爵鋬內文庚柱

七□疑是方爵二字爵字象形方爵言此象於爵

也

葉東卿藏器

商父壬爵

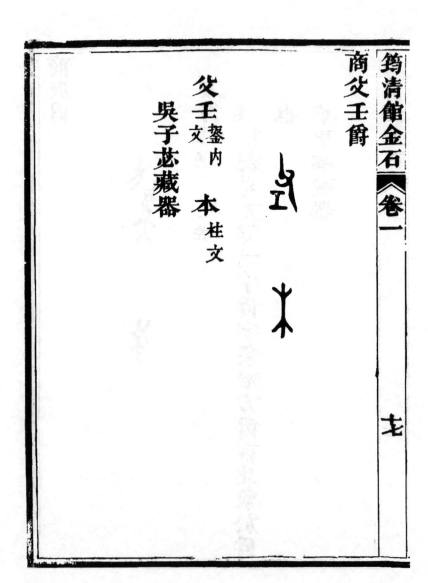

父壬鋬內文　本柱文

吳子苾藏器

商父癸爵

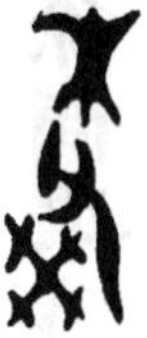

爵形　父癸

葉東卿藏器

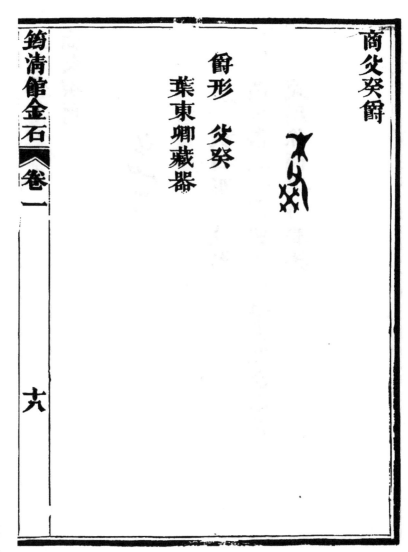

商父癸爵

干形 黃目形 父癸

積古齋收一器與此同筆畫疏密小異

錢唐徐問渠楙藏器

商父癸爵

爵集木上形　父癸

李方赤觀察璋煜藏器

商七月爵

亞形中格上三矢形卣形直

七月爲□太子⿰尊司彝

龔定盦云七假桼爲之月象哉生明之形此以紀月包紀日矣爲象母猴形而省篆文爲之半尊从司司者治也古文有合數文而會意者其文隨地

隨時更易假令此器作於七月望則月字必爲圓形作於上弦則月字必爲☽形作於下弦則爲☾形此商及西周古文之例亦諸器之例吳子苾云此釋爲下遺一字當是台之省文或是幼之省文爾雅釋詁幼穉也孟子註猶愛也

吳子苾搨本

商祖乙觶

犧形　省牲者形　祖乙

甲乙丙丁猶一二三四質言之如後世偁排行爾

制器者偁祖父之甲乙何也族大兄弟多銘器以

紀其爲伯氏之後仲氏之後爾不必是商器凡

於此　周人以十干爲偁者太史辛甲本紂臣不
數辛甲後有齊太公之子丁公秦有白乙丙晉有
梁丙孟丙先辛胥甲父鄭有石癸石甲父齊有盧
蒲癸公子元是夫已氏曾有公賓庚宋有田丙陳
艮之弟辛楚有觀丁父
姚聖常　晏　摹本

商父乙觶

亞形中父乙

葉東卿藏器

商父丙觶

舉□　父丙

弟二字舊釋作庚

吳子苾搨本

商父丁觶

析子孫 父丁

葉東卿藏器

商子作父戊觶

子作父戊彝　虎形　山形　刀形

葉眘州搨本

商朕作父癸觶

朕作父癸尊彝

葉賴洲搨本

商子孫觶

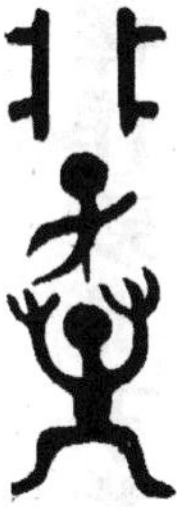

北子孫

葉東卿藏器

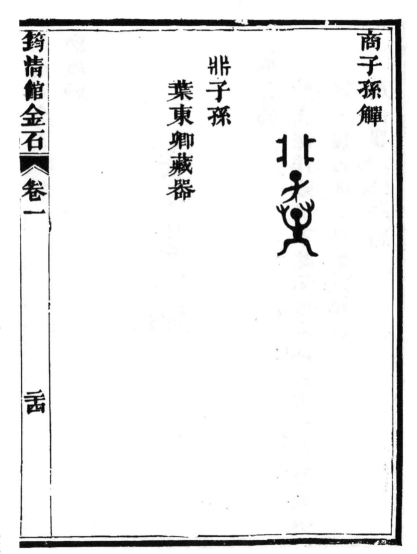

商戚觶

戚作彝

敕或釋作殺吳子苾云按朿即古桼字之省戚桼聲近疑古戚字从桼得聲也

蕭山瞿世瑛藏器

商戚觶

戚作彝

此[illegible]字說者以反戊爲癸作戣然仍應作戚爲是

葉東卿藏器

商元祀觶

王元祀王用禡

王元祀王用禡

禡祭蚩尤也　春秋今文家說孔子受天命變一為元制正月是故春秋建五始今考孔子以前彝鼎文無以元年為一年者無以正月為一月者元年正月百王所同不可得與民變革者也與三科

九指質家文家之同異無與董何兩大儒求素王所託始不得其微言所託始而爲之辭

金壇段右白𩦺搨本

商大角

蓋

器

亞形中兩手奉器形手執禾形父丁器蓋同

吳子苾摹本

商父丁斝

父丁　舟形　㔾口尊彝

叒積古凡三見俱釋猷或以爲非然作兄釋則未敢信也或是冋字與舀同舀通笏鄦氏解笏字曰書思對命備忽忘也銘是器殆亦誌識不忘之義

與
吳子苾
葉東卿藏器

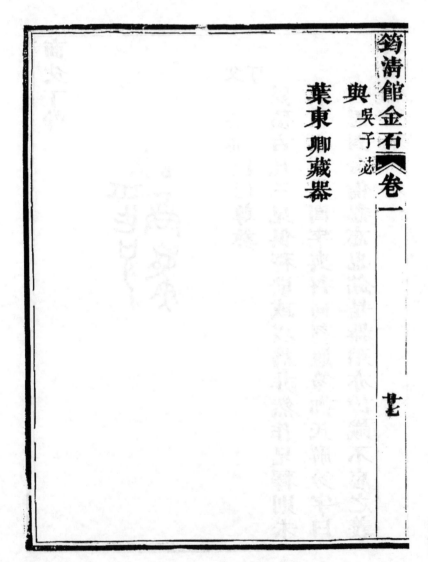

商父乙舉

兕形　父乙

李方赤藏器

商丁父舉

作丁父彝

葉東卿藏器

商父己舉

懸弓形　父己

懸弓偃武之義

葉東卿藏器

商舉羹舉

蓋

器

舉羹 器蓋同

羹从鬲者籀文之䰞者也此古文

龔定盦搨本

商元舉

元　重屋形

吳子苾云重屋上一字从二从人當是元字人君卽位之始銘是器以告廟也

葉東卿藏器

商員父敦

員父作寶尊敦

吳子苾藏器

商彔作敦

蓋

器

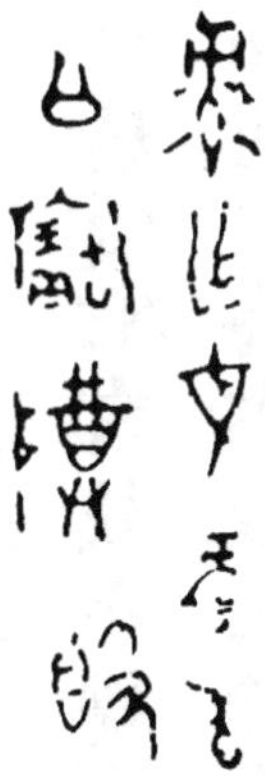

彔作文考乙公寶尊敦器蓋同

周器中有彔旁仲駒父敦積古齋以彔旁爲邑名此專言彔殆姓氏歟或云錄之省古文尙質也乙公之文是質家言故定爲商器或以爲齊侯吕伋周人也偁丁公亦取天幹十字乙公得毋類是然丁公之丁說文作玎不得援以爲例

嘉善黃霽青傳臚安濤藏器

筠清館金石文字卷一終

道光二十有二年壬寅中秋南海吳氏筠清館刊

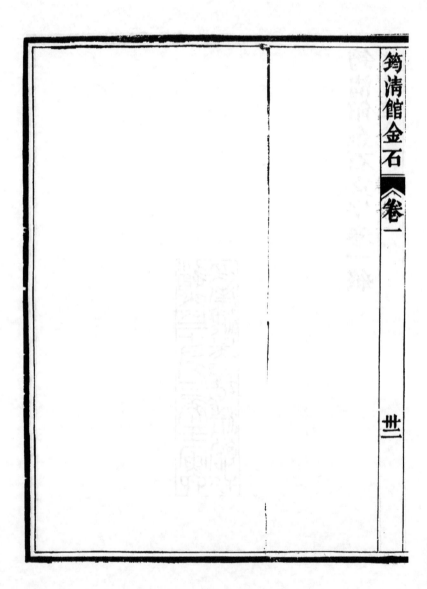

筠清館金石文字卷二

賜進士出身資政大夫湖南巡撫南海吳榮光撰
嘉定瞿樹辰校字

款識類

商祖乙鼎

祖乙

右祖乙鼎高五寸深三寸口徑五寸五分腹圍一尺八寸三分耳縱一寸横一寸一分重二十三兩兩耳三足純緣之下飾以夔之形餘俱樸素無文形體較小銘二字直立緣陰不似他器之銘於腹底也按商人大都以十干爲名字乙者名也孫爲祖作故銘之曰祖乙也或謂有商一代之君名乙者五當爲商君致享祖廟之器容或有之然則審其體制其爲陪鼎歟是器制作純樸古色黝然字畫復典雅有則其爲商器無疑也　王二樵獻

鈞清館藏器

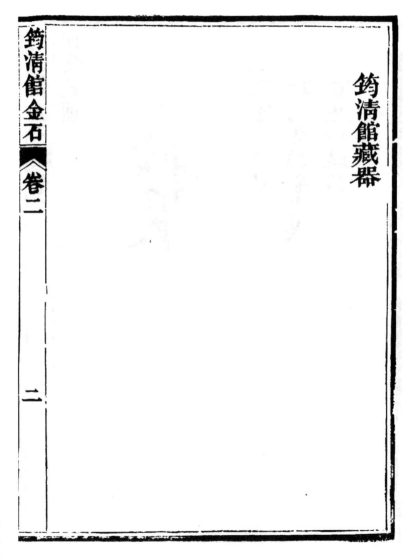

商父己鼎

二禾形　父己

取有年薦新之義

葉東卿藏器

商父辛鼎

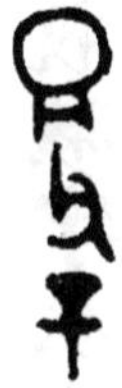

小鼎形　父辛

筠清館搨本

商臧伯鼎

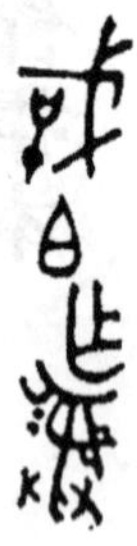

臧伯作彝

汗簡收臧字从爿从口从戈此稍省

吳子苾藏器

商手執干鼎

右手執干形

淮安李芝齡尚書宗昉藏器

商辛毛鼎

辛毛

葉東卿搨本

商仄鼎

仄

右仄鼎高八寸深四寸八分口徑八寸四分腹圍二尺六寸五分耳縱一寸五分橫一寸九分重五十七兩兩耳三足緣下束以徽文耳飾綯紋通體

純樸銘一字直立緣陰按仄當是仄字說文云仄廁本字通作側側與特通儀禮士冠禮側尊一甒醴注特設一尊醴也禮聘禮公側授宰玉側授宰幣注謂君特授不假相也爾雅曰鼎絕大者謂之鼐特王有之然攷食鼎之爲用未見特設之文且是器體未侈肆非鼐可知按周官膳夫王日一舉鼎十有二鄭注牢鼎九陪鼎三詩柏舟實惟我特傳匹也史記樂毅傳廁之賓客之中注次也意此名仄猶曰次以羣鼎之間其爲食鼎也明矣是器

質古色黝絕無文緐之致且制度渾厚蒼䓴壘鋪
穠郁不炫銘復典質不繁其爲商器更無疑
筠清館藏器

商方鼎

廟形中右

右卽佑字从又从口說文手口相助也今俗別作佑是銘蓋取佑啟後人意而字則从本文耳或疑亯之省文謂入戸奉亯銘以自儆其說未確吳子

荭釋作启云與啟廸字通按启字从戸从口當作
启今反刻从又作㕛顯爲佑之本文右字釋作启
亦非是

龔定盦藏器

商對鼎

對

小篆从丵口从又此微省

葉東卿藏器

商父癸鬲

蓋

器

𥿬 父癸

吳子苾藏器

商父乙彝

虩幺女　父乙

第一字疑是虩字虩下乃幺女二字合文說文幺小也幺女幼女也虩或其女之字此器當是女爲父作者

劉燕庭藏器

商子丁壺

蓋

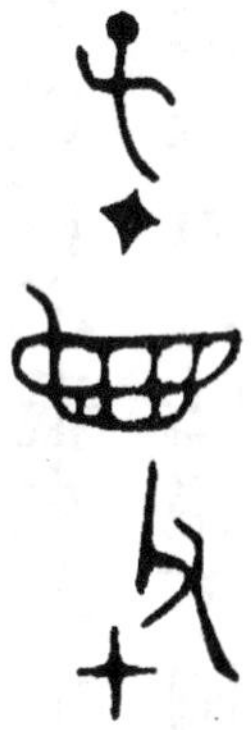

器

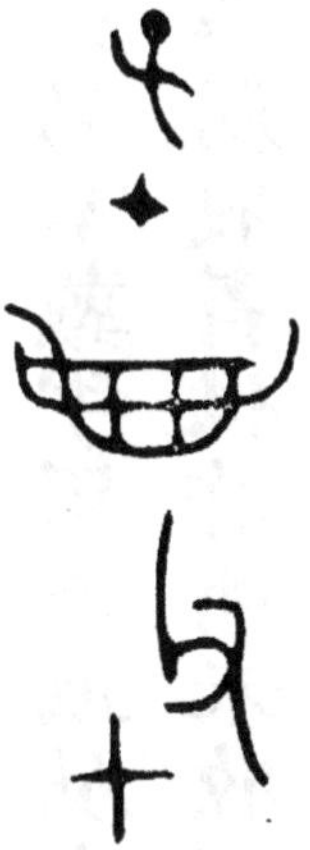

子丁　匜形　父甲　器蓋同

甲古文从木戴字甲形或从十从千从木皆正文許叔重所收者也許所未收有从十从●之字亦正文也或有竟以●代之或竟以十代之則省文假借說假借之法以聲爲樞則　本朝金壇段氏高郵王氏言之盡矣善矣蔑加矣但古文別有形相似而假借之法絕不關聲爲近儒所未知以何爲證以許叔重爲證許氏說文明有古文以爲之例如屮部屮下云古文以爲艸字疋部疋下云古

文以爲大雅字囟部巤字云籀文子相同古文籀
文云者明指鐘鼎而言以爲云者明指不關聲而
言屮艸不關聲尚關義疋雅不關聲又不關義子
巤聲義俱絕遠蓋許叔重親見郡國鐘鼎如此也
是故甲可假十爲之可假丁爲之甲丁十又可假
才爲之才卽在字才在亦可假甲十與丁爲之門
于甲丁十才在五文通假之所以然而古文之不
可通者以此例通之發凡于此且以補　本朝儒
者說假借之法之闕

積古齋子丁父甲盉與此畧同

徐問渠搨本

商父辛彝

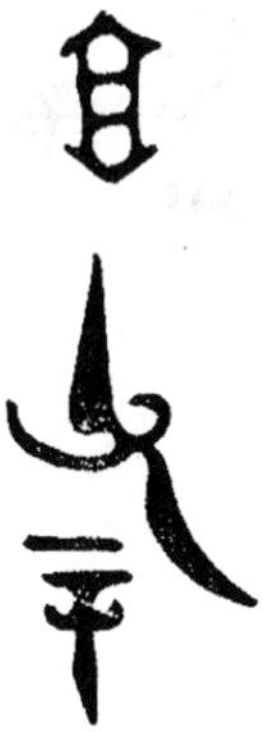

享父辛

鄭元甫搨本

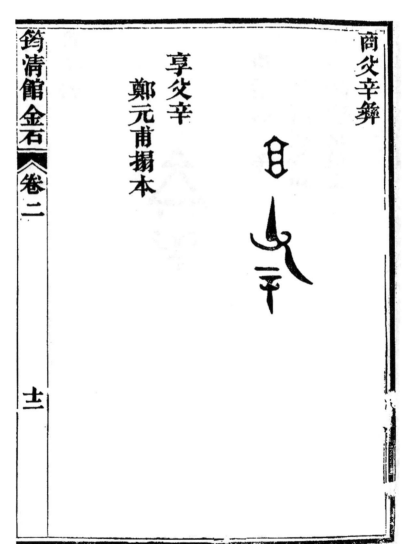

商羊彝

重屋形 羊

羊祥也善也

姚聖常摹本

商子執戈彝

子執句兵

筠清館搨本

商女婺彝

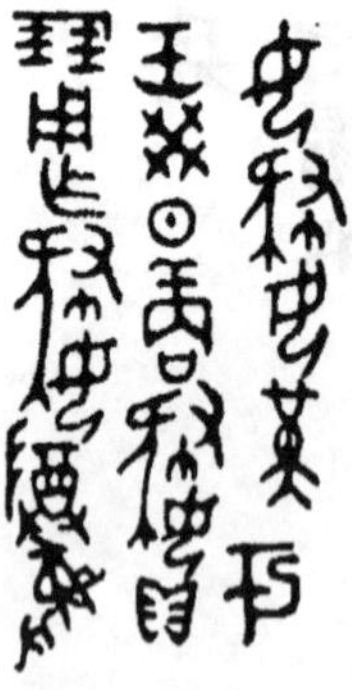

女婺蔑刊王癸日賞婺貝朋用作婺尊彝

蔑刊不可曉賞借商爲之說在積古齋留君簋下

賞貝微者也

龔定盦搨本

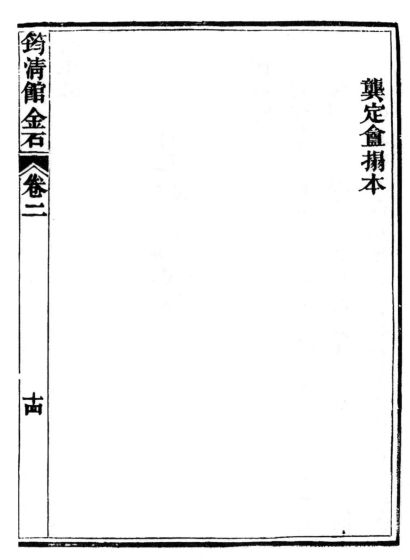

商姬彝

作姬彝

右姬彝高五寸五分深四寸三分口徑七寸六分腹圍二尺四寸一分足徑六寸二分重四十兩圍足犧鼻兩耳飾以夔首有珥口足俱微後純緣之

下周以蟠虬間著雷文足飾雷電交互之狀銘三
字曰作姬彝是器制度樸茂字畫典古且通體朱
碧相宣而一種渾噩之氣復渥漬不浮尤可寶貴

王二樵𡼏

筠清館藏器

商白旅彝

蓋

器

白𣄰作寶尊彝 器蓋同

吳子苾搨本

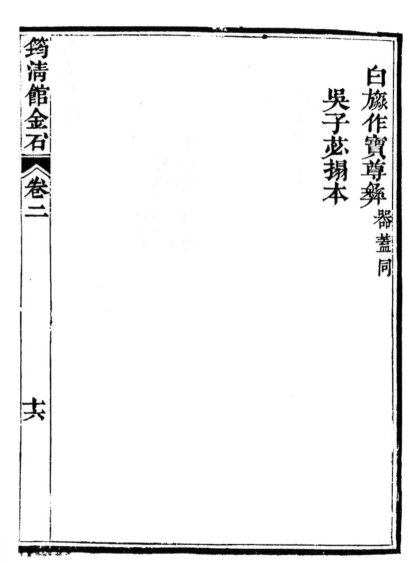

商父井彝

父井

姚聖常摹本

商毋若鐸

面

背

毋若面文　若　矢在房形背文

若卽攷工記若女甯侯之義毋若卽毋或若女不
甯侯之義矢形卽抗而射女之義鐸本軍中器故

然

葉東卿藏器

周十月戒田尊

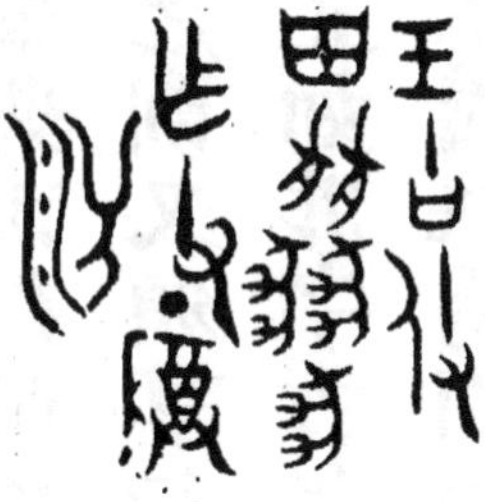

王十月戒田　二犬形　三豕形　作父丁尊　朌

十月戒田者於周爲狩於夏爲獮此紀田獵之器

可定爲西周器以其簡質在車攻吉日以先若十鼓所紀以矢魚爲主而作爲謌詩瞠乎後矣肦从冈以分肉會意分亦聲此田畢而肦禽饗士之禮詩之舉柴西都賦作舉胔正此禮其引申爲分土分民之訓又頒亨行而肦字廢其孤文幸存小戴記耳正如胙字古但从冈後世乃用祚字其孰爲本字本義孰爲引申義世鮮知之矣

筠清館搨本

周⿰由幷竺尊

⿰由幷竺作父辛寶彝彝字在首行末當回轉如讀古印法

⿰由幷以田器爲氏史游急就有由廣國⿰由幷氏其由氏同祖與竺古與篤通急就弟七章有竺諫朝意竺

之胄

筠清館藏器今歸積古齋

周啄尊

啄作夙尊彝日戊

劉燕庭藏器

周矩尊

矩作寶尊彝

夏松如藏器

周矩尊

矩作寶尊彝

潘德畬藏器

周羕史尊

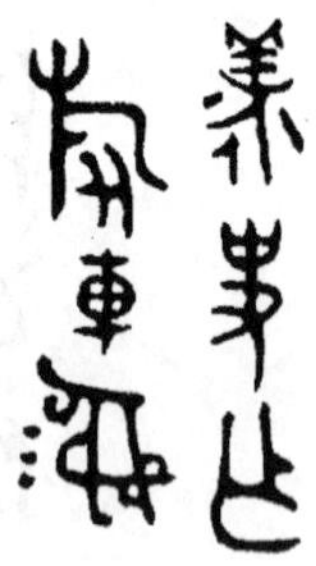

羕史作旅車彝

羕永古通毛詩江之永矣韓詩作江之羕矣是其證見古器尤多　此羕字句絕與弘彝之盟字一

例

姚聖常藏器

周濰子尊

濰子嬰尊口

濰國無攷嬰見唐韻亦作婭亞是其所从得聲

焦笠泉藏器

周母宔尊

蓋

器

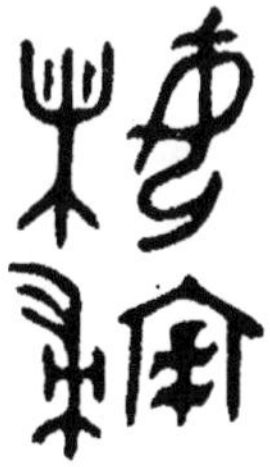

母宔諸婦 器蓋同

主藏於宗廟謂之宔此諸婦爲母作主而制器以祭之之事近世方苞言古婦人無主江都汪容甫著文駁之此爲容甫增一證

吳子苾搨本

周母宝尊

蓋

器

母宝諸婦器蓋同

説見前

吳子苾搨本

周齊侯罍

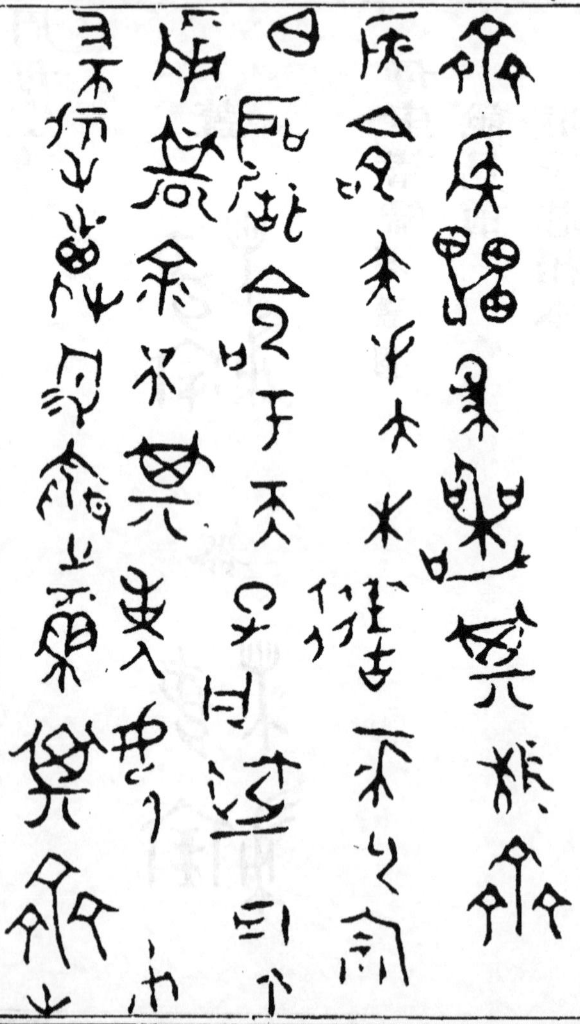

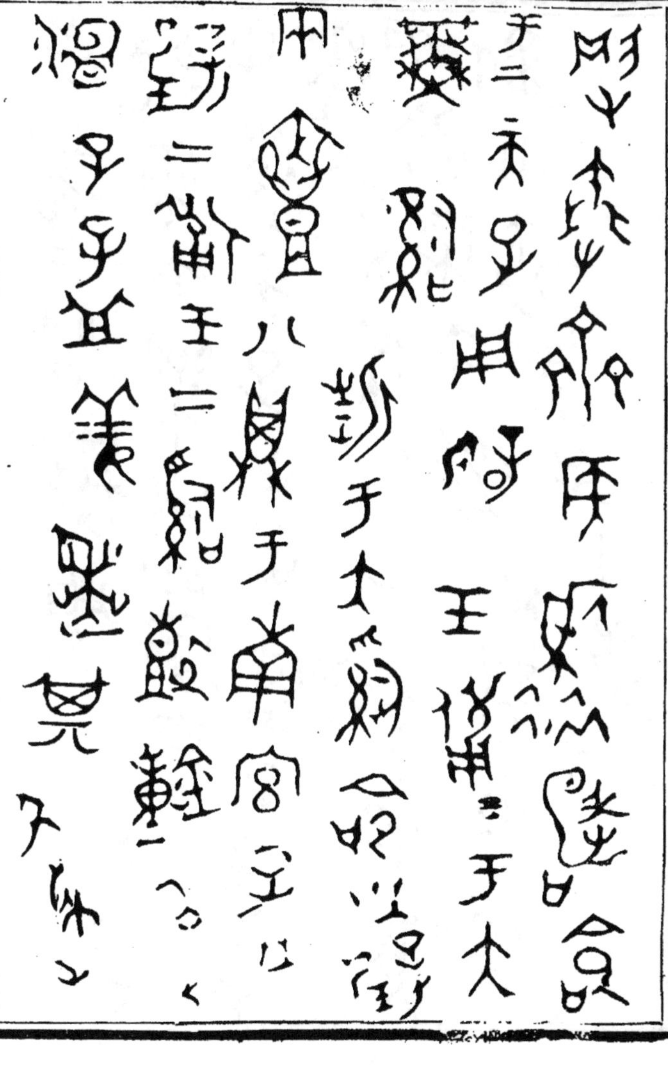

筠清館金石　卷二

廿五

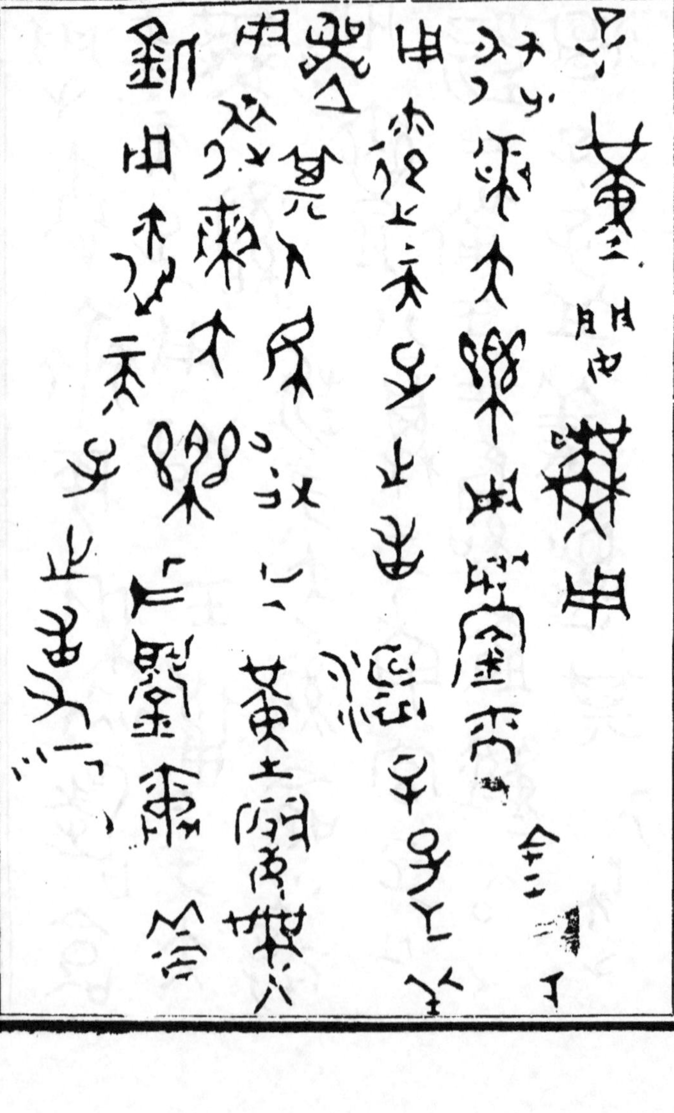

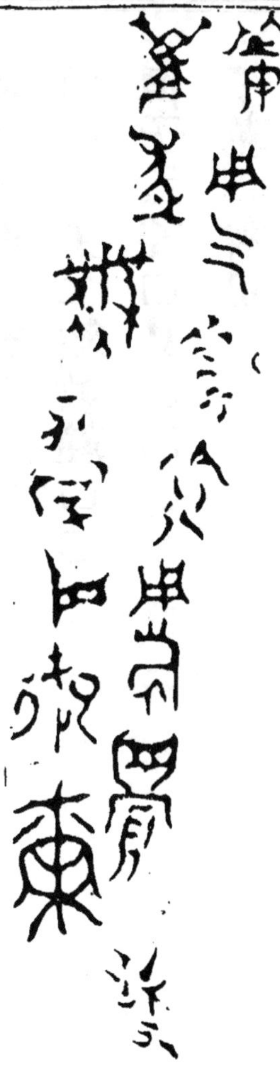

齊侯罍□□其旅齊
侯命□□□□□□宗
伯□命于天子曰□□
□□□□其□女□□

□□□□□□□齊□
□□齊侯□□命
□□天子用□玉備于大
舞紹誓于大紹命□□
兩壺八鼎于南宮□□
□□□玉二紹鼓鐘□□
洹子孟姜□其□□□
子螘□舞用
□□大樂用鑄爾□□

用御天子之吏洹子孟姜

□其□□□子壟□舞

用□□大樂用鑄爾羞

釦用御天子之吏□□

羞用气□□用介眘壽

萬年無□□□□

銘中大樂凡二見舞字凡兩見又有鼓鐘字此是以樂舞之事爲重而爲此器銘也篆十九行百六十餘字拓本第十行玉二之下鼓鐘之上是紹字甚明白然

則第八行第二字近接舞字下亦是韶字于朱本釋韶大下命上亦是韶字韶从系說文系古文作系撿鐘鼎文司字弁匋皆作巾無作巾者元謂韶卽韶字也陳敬仲犇齊韶樂在焉陳氏世守此樂而修備之齊莊公時與陳桓子銘作洹子無宇相悅非壻卽女弟夫齊景公亦與桓子子武子開釐子乞相悅陳氏引韶爲重以大樂大舞迋於天子用璧玉二壺二鼎八有事於南宮而孔子在齊聞韶有不圖至斯之歎然則齊陳之韶勝於魯韶明矣謂韶爲韶者舜樂之韶字以召爲聲以音爲義

此後造之字也若其先本字但當爲紹故禮記樂記曰韶繼也鄭康成注曰韶之言紹也此記樂者直破韶字爲紹字而以繼訓之韶訓紹見於春秋元命苞皇侃論語疏諸處者甚多故韶磬見周禮大司樂皆後造之字招字直假借而已見孟子漢書樂志左傳釋文左所招之詩亦所韶也銘中舞字凡兩見元審舞上之字皆夏字夏大也故九夏皆訓大非夏禹之夏其篆形兩臼而下从夊甚明夏舞猶言大樂大韶對舉耳非舜樂雜以禹舞也義與頌同見元釋頌篇中且景公時樂師亦必深習陳田大樂韶之遺法

傳其音律故作君臣相悅之樂之時卽依韶爲徵招角招卽韶又陳氏在齊初爲工正此器制造精堅亦自不遺餘力計自舜作韶之時至造器之時一千七百餘年爲孔子所聞自齊景公造器之時至今又二千三百餘年而此器具在銘文篆迹可讀可摹展卷累月尚知他味哉　大清道光十八年二月癸卯朔阮元識於節性齋時年七十有五

戊戌夏蘇州又有一齊侯罍拓本寄至京師銘篆與此器大同小異亦真古器也計此器百六十餘

字彼器百四十餘字彼挍此多者齊侯下多一女字此器内第四行亦本有女字非毋字彼𦉜字作四田後子蟄之上多郜邑二字彼夏字作厦此鑄爾姜釦彼作鑄爾叚陞皆甚明白此紹字凡三見篆法無異而彼亦三見第一字與此同第二三見系旁作𥿋是司字矣計惟大司命一處于文爲順當舍此而从彼至于舞字之下仍以紹爲順當舍彼而从此蓋此器誤大司命爲大紹命彼本則誤舞紹爲舞司當時作篆人粗舛致有兩失耳

罍銘搨本第十二行第一二字是子蓳第十五行子蓳夏舞再見此兩蓳字筆畫甚明白必是陳氏子之名未能定之道州何子貞編修紹基釋爲从黃省之墊字土黃性黏義成爲疆卽左傳陳子疆之名甚確又得一無疑之子與義矣子疆疆字與蓳字之義切近明白是居斤切凡从堇省之字可寄其義不必定从其聲特此篆黃尙不省今說文墊古文作蓳古文僅見于此器矣左傳昭二十六年平子曰必子疆也子疆之名無考今因此器得

之矣彊唐石經作彊宋板誤彊說文自堇字畺字以至彊字相因相次古人字由名生疇銘中夏舞者名堇字子彊無疑矣或疑史記武子開開即彊非也開从幵聲且兼會意在段氏古韻十一部不能與堇聲相涉堇字在十三部居斤切故瑾謹殣饉鄞廑僅覲勤等字从之以上各字皆巨斤切居隱切相近之音也

說文堇字部首之後次以艱字以堇為旁艮為聲與堇同古韻十三部由此再轉入十四部則難漢

歎嘆等字亦以𡎸得聲者也說文鷬卽難字从鳥𡎸聲然則堇有艱難之音而歎字从鷬省聲嘆字从歎省聲其實一也其實文殷元寒韻可合不必曰省說文堇黏土从黃省从土古文𡎸蓋土黃黏則彊而治之艱是以說文土黏色黃難治比田畕彊各義皆以次連綴于十三部之後亦必因其字音義皆近也然則漢字从𡎸豈非以其土性黏色黃艱治之故乎余嘗兩次夏渡襄陽皆當盛漲漢中府之土隨水奔流既黃且黏甚于黃河因知倉聖造字大禹名川皆有故矣

史記齊太公世家索隱引世本云陳桓子無宇產子亹然則無宇又有一子名亹此何人乎余曰此乃史記田敬仲世家所謂無宇卒生武子開與釐子乞亹乃子開之名開其字也無宇嫡子名書字子占見世本又三子亹字子開釐字子彊釐子乞也子彊不謚武也史記曰武子開杜預左傳注曰子彊武子字以開彊爲一人此必是史記不誤而杜誤也開與亹之義亦明白切巡之至詩鳧鷖在亹箋云亹之言門也後漢書馬援傳注亹水流山閒

兩岸若門也然則亹即門之假借字麥亹冬即麥門冬門義甚多詳余釋門篇門爲名開爲字猶蘉爲名疆爲字又何疑哉

左傳昭公二十六年冉豎射陳武子中手失弓而罵以告平子曰有君子白皙鬒鬚眉甚口平子曰必子彊也由予之說證之則失弓者武子亹也即子開非子彊左但書武子謚白皙者蘉也即子彊非謚武蓋兄弟兩人也冉豎射子開識之矣平子亦知之矣即使冉豎平子有言傳未書之惟冉豎不識子彊但言其白皙諸狀故平子曰必子彊也若既射

武子而識之是亢之甚矣又指武子爲有君子白晳云云則與下文謂之君子何敢亢之相背且有字文義亦是含失弓者而別有所指明射手失弓者一人君子白晳又一人也亢之當之也左傳以亢其讐戎亢其下結草以亢杜回皆其義杜注以公戰禦之乃因上私字望文以生義耳彼時兄弟兩人情事可見如此今因考薹亹二字之義而得之乃知杜元凱誤爲一人經義之失久矣陳書字子占占書猶今人言看書也尙書曰明啟刑書胥占啟籥見書

武子開與子疆皆是心存公室之人銘中既以部

樂夏舞御天子復誓于大司命有事于南宮必不似釐子乞收民心以竊齊國觀哀十四年陳逆子行語闞子我曰且其違者不過數人然則違者非卽開疆家乎陳鞅諫簡公簡公悔不聽鞅武子孫見索隱

陳頌南農部慶鏞又云子疆非謚武子其謚昭子乎左哀十四年傳成子兄弟四乘如公杜注取昭子莊爲成子兄弟以充八人之數而史記齊太公世家索隱引世本昭子是桓子之子成子之叔父

又不名莊莊字疑卽釐字之訛形相近也昭子莊
當卽昭子釐亦桓子子無疑杜氏旣誤以昭子爲
僖子之子又誤釐爲莊其說沿自服虔唐孔疏未
正其誤且徇服杜誣昭子莊爲成子之子出于世
本而索隱所引世本昭子乃桓子子也司馬貞駁
之知昭子不名莊然卒莫詳其名今證以齊罍得
論世知人之助
銘尾有气字或疑是乞字盧子之名非也此气字
上是羞字下字不分明是飲食之字不比釐字兩

見皆曰子釐也

筠清館搨本

後齊侯罍歌　昔嘉慶乙亥作齊侯罍歌所釋銘文鮮發古義今戊戌春福兒拓取新本來病中玩之識出此器爲韶樂夏舞而作巳快意矣何編修紹基又識出釐字必子彊也甚確余因此又推左傳武子卽史記武子開卽世本之亹亹門通借門名開字也杜注誤爲一人也亦快意因效蘇東坡石鼓歌有字

三十韻作後歌

我家廟藏齊侯罍其篆三田下無缶陳桓孟姜及南宮知是作者孝父母洹子孟姜字極明白定爲陳田之器我昔歌詩列眾器祝鼎虢鐘戊虎卣廿四年來吾病矣還向家鄉重搨取茶烟一榻觀古文當年識出韶夏否戊戌識出大樂韶夏舞韶卽銘中紹字也陳曰歸齊磬樂傳應習虞簫成以九孔子適齊方作韶謂御驅車郭門趣倉苟切孔子至齊韶樂方作至郭門一兒挈壺行端心正孔子謂御車趣之見說苑銘中二玉又兩壺將毋一兒挈壺走在齊太師學三月史記作學

之三月子語魯太師樂而在齊則學之太師正是此罍鑄成後韶夏綴舞迓天子齊侯知禮命姜婦大義雖見銘文中未問鑄者爲誰其事湮世遠那得知計歲二千三百久道州門人忽來說蓋篆兩見許部首說文蓋爲部首从古文之黃省桓之子蓋造此器必子疆也名未朽何氏謂蓋省爲蓋畕疆說文相次黃黏疆土也我乃豁然大稱快酌彼罍宜飮之酒我思疊也爲子開冉豐射之巳中手左傳昭二十六年武子無名史記曰武子開余謂世本疊與門同子開名也別有君子不敢亢白皙鬢鬚眘甚口何氏謂此子疆名蓋極確元凱誤合爲一人兒

弟不分混美醜杜氏左注誤合開疆爲一人所以解此段皆誤余謂射手失弓者亹子開也君子白皙者亹子彊也即鑄器人也我因開疆分辨之美又善也臣節守豈有作韶而犯上者誓大司命爲何事必感育嫣保忠厚銘中言誓于大司命開孫御執不黨恒能諫簡公擇左右執爲亹孫見索隱引世本執諫田監宜擇左右簡公悔不聽見史記戾哉惟乞及子常兩代犯君施釜斗釜斗見史記童子心正行尚端君子豈非仲尼友肉味不知鳳不至請討陳恒麟獲藪此罍世世子彊家秦漢以來誰授受春秋論語在此罍雷回回兮雲亦糾直至

大淸逢道

光始有人爲古人剖如聞齊侯作徵角如闢孔牆
識蝌蚪吟想鬚眉如畫圖左不云乎君子有會須
君子鼓鐘來鐘鼎之間此眉壽鼓鐘眉壽八鼎皆銘中語
戊戌孟秋日乙丑天風吹和雨盈缶發函忽得吾
師書教我古文識字毋陳田遺器拓金罍玉二鼎
八等圭卣誓于南宮志大樂紹從召聲古義取想
當紹樂初來齊筵他有耀觀之否借叶嫣姜遞育策
卜五拊擊盡善簫存九工正之允各賢奸常爲正
卿鞅御趣惟有始大陳桓子三命益恭傴僂走桓

之子蓋能象賢羈旅小臣而有後作銘合付田家宗尸祭爰及姜氏婦餘者爵事各昭穆自難一一記誰某此銘殆始齊侯命上遡子完六世久文明流澤孔延長醉飽介福同稽首銘中識樂兼識舞神人以和垂不朽吾師開卷羣雅集問字車來或載酒銘當作自景公時徵招角招如一手夏如九夏夏曰大甯以禹聲爲藉口以上述師說黃黏畺土从壄省說文訓字博且醜何子貞說子蓋謚昭非謚武新知乃在陳編守陳頌南說吾師更推左史義能以有問

入無厚左言白皙必子藎與失弓者分左右開也
藎也杜諛一並立不辯箕與斗史言四乘啟逆謀
我謂子莊非藎友借用友弟之友況索隱言無八人服杜
之說終疑藪陳頌南說余疑之　子藎自是公室忠不然胡
保大紹受撫卷長思中古時旦復旦兮卿雲糾節
行八風禮樂備精華四塞天地剖何期諧石儀鳳
皇倘入吉金篆蝌蚪干羽功成太平相惟其似之
是以有迓于　天子紹鼓鐘銘言敢取爲公壽
伯榮

阮作罍龔作
畾云齊侯名

菫
阮作于黃
龔作邑董

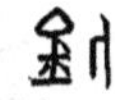
阮作釦
龔作釿

阮作气飲食
龔作乞嘉命

周齊侯仲罍

筠清館金石 卷二 卅

齊侯中罍□器其
旅齊侯命大子□成

□□□宗伯聽命于
天子曰諆則爾諆
余不其□□受□
歸□□御爾其齊
受□齊侯拜嘉命
□天子用璧玉備一䋤
乃大舞䋤誓于大
𤔲命用璧兩壺八鼎
于南宮子用璧

二備玉二鉊鼓鐘一銉
齊侯既齊洹子孟姜
器其入乘都子黃厦
舞用從爾大樂用鑄
爾羞謚用御天子之
吏洹子孟姜用气□□
用匃眉壽萬年無疆用
御爾吏

此器視前器完弗餌大同小異七八九十行土範

木範刻字盬故獨肥鹼字與曶鼎龠字頗相似皆彝之異文彝乃百器總名或以此器爲壺謂銘文有兩壺八鼎今兩器俱存人閒俱在江左意卽此兩壺未可定也廈卽夏之異文旣齊之齊讀如齊徐氏楙曰銉其肆之異文乎紹之爲韶見前釋肆字本不从金从金者合鼓鍾之文以會意也首行第三字阮釋作女十四行都子二字阮作鄀邑龔作都邑今於前一器存阮說後一器存龔說

蘇州貝氏藏器

周羊卣

蓋

器

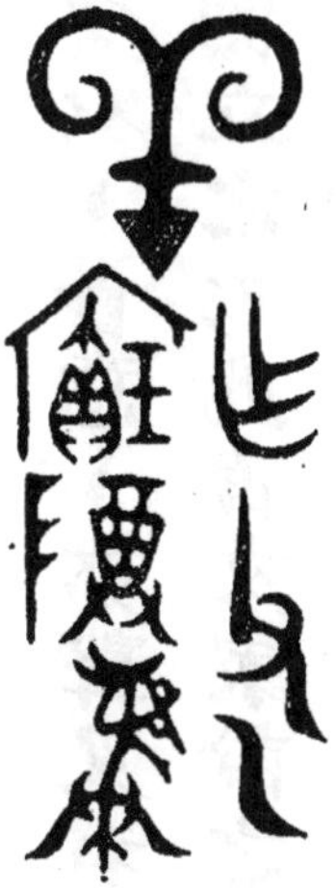

羊作父乙寶尊彝 器蓋同

古文父从丶會意丶亦聲又者奉承之象卑幼者鞠𢀖側立之形此古文家說之勝小篆說者乃常州莊進士述祖所說

吳子苾搨本

周專卣

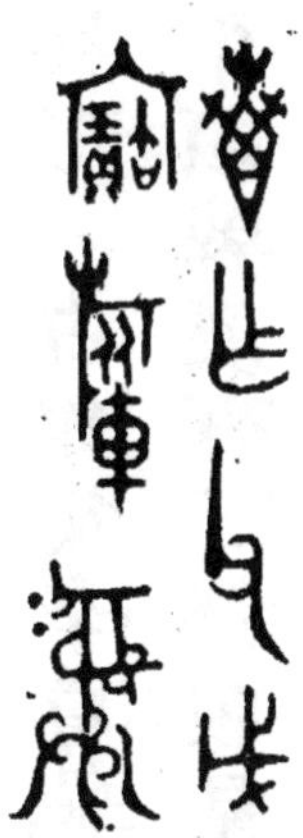

專作父戊寶旅車彝

徐問渠搨本

周占卣

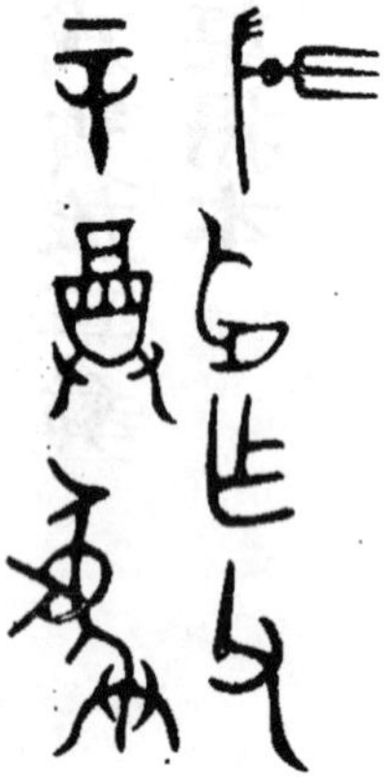

手執枝兵形　占作父辛尊彝

古有平頭戟漢有三鋒戟見鄭元攷工記注皆枝

兵也第一字象其形

馮晏海藏器

周向卣

蓋

器

向作乃尊彝析子孫蓋文右行器文左行

積古齋所收向彝與此文同而筆畫異

劉燕庭藏器

周睘卣

蓋。

器。

隹十又九年王在室王姜令乍冊睘安从皕賓睘貝布揚王姜休用乍文考癸寶尊器 器蓋同

此成王祭文王廟器也室卽清廟中央之室書洛誥王入太室祼祼獻尸也禮酳尸尸獻而祭畢王祭畢入太室行獻尸之禮故曰王在室因而王姜得行祭禮作冊命自王姜故曰王姜令作冊令命也睘安史氏名从或釋作人重文今按从人从二二人爲从定爲从宇睘安从者从王姜在廟也皕或釋作伯重文今按从百从二二百爲皕定爲皕

字卽奭之省文說文奭此燕召公名史篇名醜皕
賓者時召公助祭王以賓禮禮之書王賓殺禋咸
假王賓卽諸侯助祭者易曰利用賓于王禮郊特
牲諸侯爲賓灌用鬱鬯謂諸侯來朝王以賓禮待
之是諸侯有爲賓於天子之誼故曰賓也睘貝布
揚王姜休者睘受王命以貝布揚王姜休也文考
卽文王癸古祀鼎彝器次第常語 龔定盦

錡淸館搨本

周盟卣

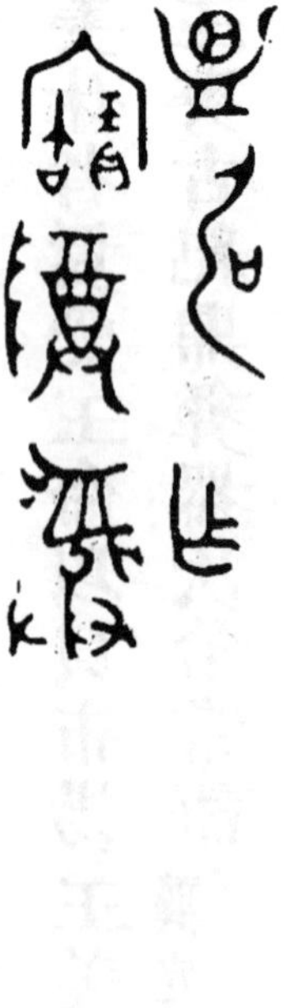

盟宏作寶尊彝

龔定盦云盟者用爲歃血之器吳子苾云當是盟字

葉東卿藏器

周鬯卣

鬯

古文省匕

壽卿曰[illegible]从宁中从米合盛米之義卣爲酒器而曰宁米者酒亦米所爲也如鬯𩰪皆从米也說文⿰虫宁卽今俗囤字昂按从釆之字與从米之字不同

義必非專指米穀也从必之字如囟卣胃等字乃
另有義意卣又有他指非以米爲酒之盛器而然
盛酒之器如尊壺匜斝等制不一而足豈僅指卣
爲盛酒哉今之俗囤字卽說文之笹字篅也淮南
子守其篅笹乃專爲屯米之器㡾不入由部獨附
宁下者可知㡾爲宁之所孳後又孳作貯也說文
訓宁爲辨積物㡾爲載盛米貯爲積也總之不外
盛積之義豈積物米獨不與乎抑米不得爲物乎
殊不可解此雲間馬伯昂千里之說

陳壽卿藏器

周林父爵

林父

葉眘州搨本

周伯稽爵

白稽作寶彝

龔定盦搨本

周雷紋爵

一

二

雷紋形 文在扳內二器同

筠清館搨本

周父乙觶

子冊冊父乙

筠清館摹本

周入子孫觶

入子孫

右入子孫觶銘三字積古齋載所藏器與此同惟

子字首有一點爲異

葉東卿藏器

周扵觚

廟形 扵

說文扵在丨部旌旗杠皃从丨从㫃㫃亦聲周禮司常祭祀各建其旗詩龍旂十乘大糦是承是也故祭器多爲旌旗形或爲扵形

吳接山藏器

周癸豐觚

癸豐

此觚脩頸弇口而哆其外中央爲觚稜銘在腓閒銘曰癸豐豐行禮之器象形脩而有腓其象之矣叔重以爲下从豆郭忠恕謂上从冊於古文均無取　或釋作酉之倒文

龔定盦藏器

周父丁角

角作父丁寶彝

筠清館搨本

周父癸角

蓋

器

丙申王錫南亞喪幼貝十鬲用作父癸彝器蓋同

龔定盦云說文鬲部鬲實五觳五觳者六斗也許

書於器名則不言其所容受於量名則言之可見
鬲是古量名其重文从瓦蓋以陶爲之貝或以朋
計或以器計或以量計此十鬲則六十斗大畧侈
其多也幼之異文从大者古者字義以相反而相
成也幼本从幺幺貝最小幼貝次之王莽時嘗行
之

吳子苾云爾用之古文𤰃微省 小雅謀夫孔多是
用不集用以也或是望至之古文也亞堊本字禮
三年之喪廬堊室之中或訓以飾亦可貝上是綏

青地綠文曰綬貝十下是鬳說文鬲屬上體顯作虍知非从瓦也

葉東卿藏器

周子孫角

子孫象形字

葉東卿藏器

周父癸舉

析子孫　父癸

葉東卿藏器　癸

周若癸舉

蓋

器

廟形中若癸蓋文　舉器文

葉東卿藏器

筠清館金石文字卷二終

道光二十二年壬寅中秋南海吳氏筠清館刊

筠清館金石文字卷三

賜進士出身資政大夫湖南巡撫南海吳榮光撰

嘉定瞿樹辰校字

款識類

周太師虘

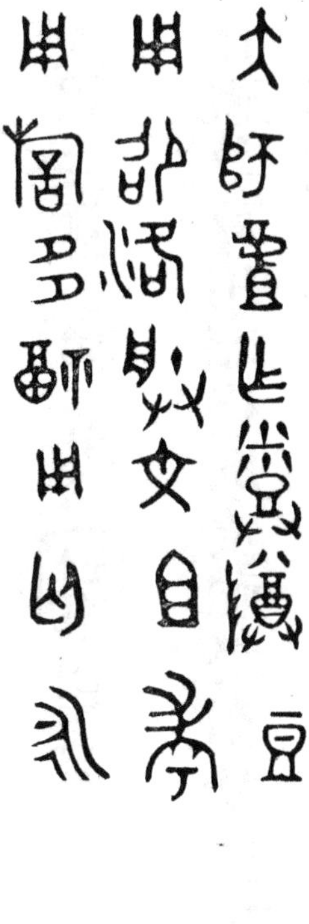

命虘其永寶用享

太師虘作禮尊豆用昭格朕文祖考用訪多福用匄
永命虘其永寶用享

右虘豆高八寸深二寸二分口徑六寸七分椭圜
一尺一寸六分足徑六寸二分重八十三兩八錢
口微弇銘四行行七字曰太師虘者經傳無徵莫
詳其氏系殆紀其官與名也按虘說文云虎不柔
不信也此當是古祖字繁文博古圖剌公敦祖字

與此正同蕢卽豐古通禮見古文奇字說文解云禮所以事神致福也史記樂書俎豆禮之器也尊敬也禮尊豆是明此器用以敬事先人也卲卽昭說文作佋集韻作卲通昭盄和鐘銘昭字同此洛卽格之變文格作䨣說文解䨣盧各切雨䨣也又解洛云盧各切山海經註洛洛水溜下之貌以聲求之䨣洛似可通用第與格義迥別可見古文偏旁省變原無一定周公望鐘堵作鍺戴公戈朝作輖並屬形聲通借可與此銘互證文非謚尊稱也

左哀二年傳衛太子禱曰文祖襄公是猶皇祖烈考古諸侯大夫皆得以稱其先人[illegible]即訪說文云汎謀曰訪尔疋釋詁謀也玉篇訓謀曰計左宣十三年貪必謀人疏計謀也又通作規左昭二十六年規求無度規求計也戰國策註規猶謀也然則此訪字當作謀求解令命之省文也是器純緣之下有乳環之大小相間其數各九校間飾以魚鱗魚尾葅栗之形鏤刻疏通按禮明堂位周獻豆註獻音娑疏刻之也據此定爲周器夫豆實魚醢葅

椮之物飾之以乳其數九者乳之義爲養說文解九云陽之變也易乾本義陽數九爲老禮鄉飲酒義豆所以明養老也殆卽單疑生養豆之亞與要知古人制器不違於辭亦必觀象察形復著於器顧彝器之飾義固有在豈圖以文縟目之哉

鈞清館藏器

筼清館金石　卷三

同娅豆

（金文字形）

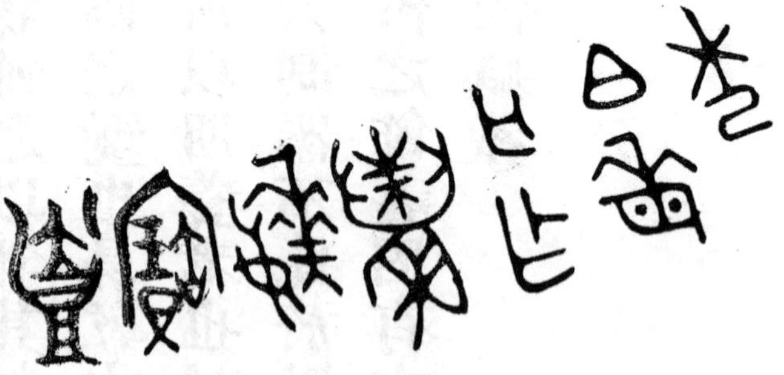

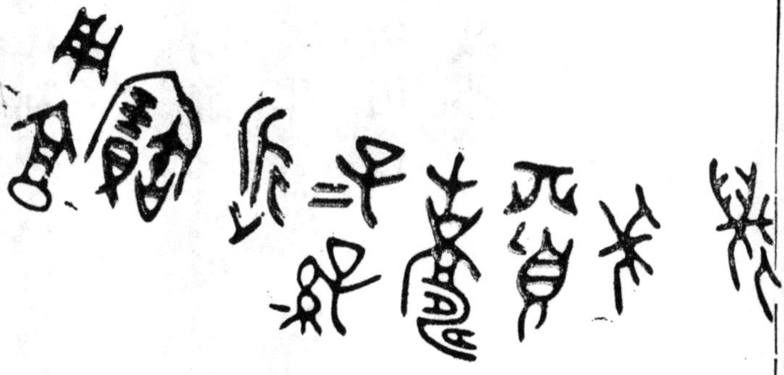

筠清館金石卷三　四

杞白惠災作邾媿寶豆萬年眉壽子〻孫〻永寶用

享

第六字爲鐙說見後第七字是邾君之名杞作器

以遺鄰國非祭器　漢蓺文志兵家有媿一篇斷

非一人勿坿會

瞿世瑛藏器

周豆

□父作尊豆享考寶用

鈞清館揚本

周郙太宰簠

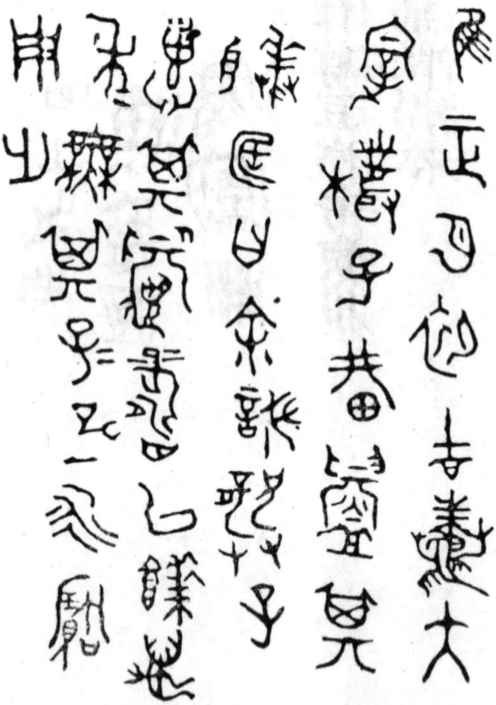

佳正月初吉邾太宰欉子䓛鑄其餴瑚曰余諆龏子惠其眉壽目餴萬年無期子二孫二永寶用之

邾字爲蝌斗文奉之其實乃鼄鼀之形此文一見於邾公華鐘再見於伯愈父爲邾姬年媵鬲三見姪豆四見此器可見邾之本字爲鼀猶漢世以朐忍蟲名名縣以蛸蛤名縣北魏以蠕蠕名塞無足怪矣諆許愼曰嘉善也引詩諆以溢我我其收之蓋太宰受嘉惠於龏子而鑄器以銘之不忘其所自也䓛即畊字耕之古文

慈溪葉夢漁藏器

周大飼工簠

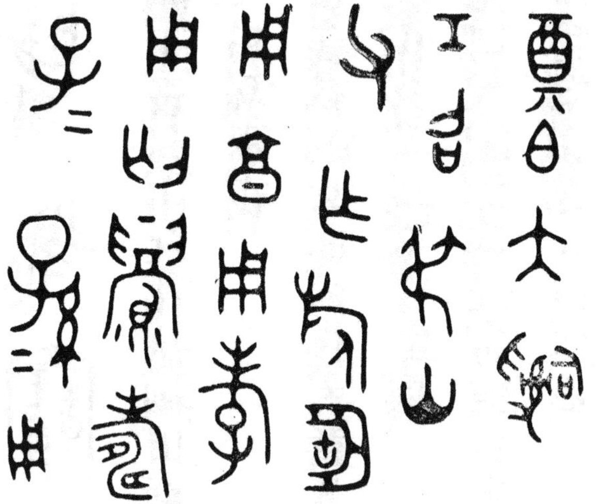

鄭白大嗣工召叔山父作旅瑚用享用孝用丐眉壽子〻孫〻用爲永寶

嗣治也春秋祠兵卽治兵古者凡治一官皆謂之有司叔山父其攻金之工與

陳慶鏞曰大嗣工卽大司空古字通假召叔山父其名蓋爲鄭伯之大司空也

姚聖常摹本

周許子簠

隹正月初吉丁亥鄦子臧擇其吉金用鑄其瑚用饙
孟姜秦嬴其子=孫=永保用之

鄦正字許假借字正字獨見史記鄭世家鄦公惡鄭于楚再見說文得此器而三餘古文家皆用假借字此彝器有功小學者也饙卽遺字吳子苾作膢　[illegible]汗簡妝字筆畫近似或曰許子名妝非臧也

陳壽卿藏器

周叔家父簠

叔家父作中姬匡用盛稻粱用速先嗣緒生兄用蘄眚
耈無疆悊德不忘孫子之難

第七字籀文匡也凡器之方者皆可謂之匡此篇也竟以匡爲之者欲與粱兄疆忘難爲韻故也他器則从匚从古爲之說文匡飯器與盛稻粱之文正合生兄二文合書言弟兄也說在史奈彝下彼文兄生猶兄弟也此文生兄則弟兄也嗣作嗣古辭嗣嗣三文同耒一字左从黃右从坐坐草木妄生也妄生猶怒生卽後世俗字旺相之旺今浙諺每言禾稼旺術家言

金玨木玨或嫌玨俗以王代之豈知篆文㞷非王作王者亦誤也黃者所从得聲也有作皇者上爲中之異文與㞷从㞢同義非从小大之小也皇爲或體⿰黃㞷正字也匡粱兄疆亡⿰黃㞷爲韻自武王踐阼篇而下此僅見

素布政訥藏器

筠清館金石　卷三　十

周伯箕父簠

唯白箕父麐乍旅瑚用丏眉壽萬年子=孫=永寶用之

積古齋所收一器子字無重文麐旅眉字筆畫稍異

龔定菴云讀唯白箕父作旅瑚爲句鹿龜二文别讀是蘄年之吉語非白箕父名鹿龜也吳子苾云鹿龜二文是麐字積古釋作薦文二字

保定劉鏡古藏器

周伯愈父簋

魯伯愈父作姬年瑚其萬年眉壽永寶用

與鬲同時同事作年者姬之名與
吳子苾搨本

周白太師簋

白太師作旅簋其萬年永寶用

葉東卿藏器

周虢王簋

遣叔吉父作虢王姞旅簋子二孫永寶用

姚聖常摹本

周伯季簋

蓋

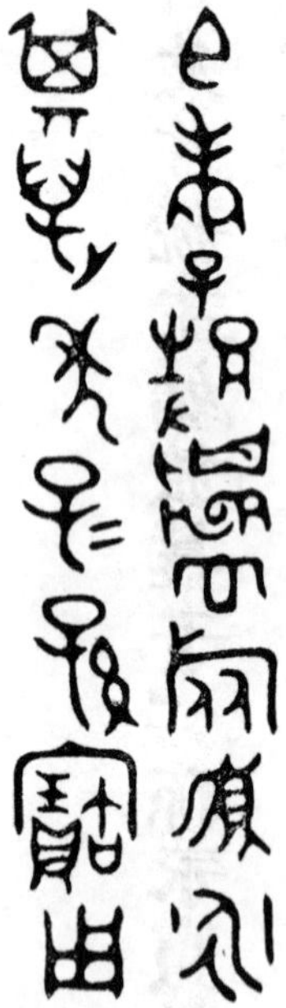

器

白季生兄鑄旅簋其萬年子=孫=永寶用器蓋同

兄生說見前　蓋銘孫字無重文永字脫補於首

行末古器每有之　兄生左右有羨文

吳子苾搨本

周頊絲簋

頊絲作旅簋其萬年子二孫二永寶用享

葉東卿藏器

周鄭義父簋

鄭義姜父作旅簋子〻孫〻永寶用

葉東卿藏器

周敦

（金文摹寫若干行）

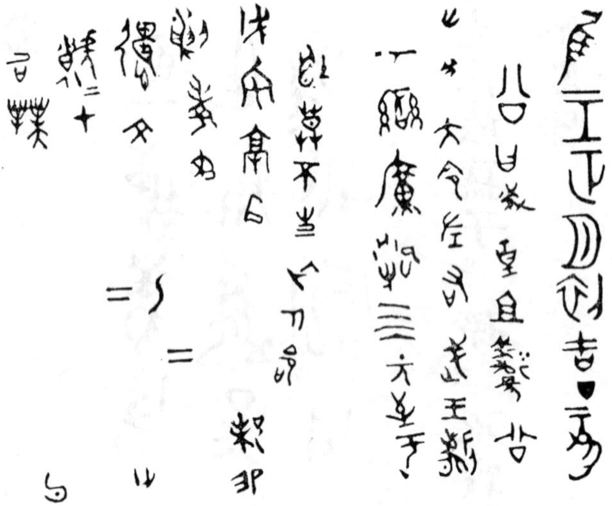

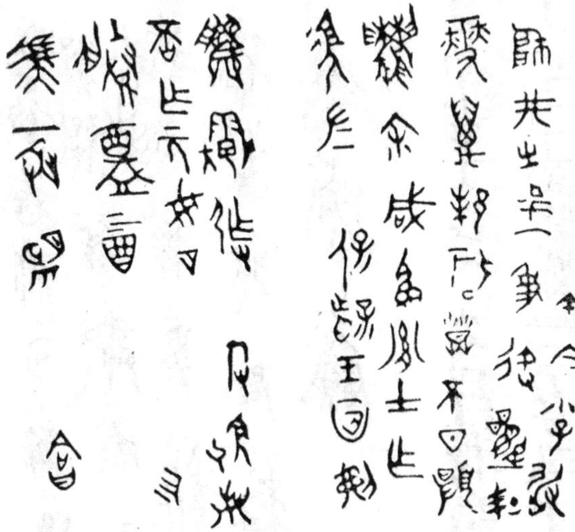

隹王正月初吉丁亥□公曰我皇且鄘公□□大命

左右武王□□蠻廣亂三方至于此第一段

□□冀不□□□命□□戊午享㠯闕邦□剌考□

闕疆文闕□□闕虢二在闕□闕□以無闕□此第二段
□□□□奪今小子敢帥井□□使徒畢□變萬
邦□莫不曰頼覺余咸妥卿士乇馮左□保□王□
剌此第三段
晨電作□□若否作元女□闕□觼尊會闕馮一
□盟闕畬此第四段
小子夘晉侯□□奪今小子□□爾□宗婦楚邦佳
□萬年晉邦佳賴永爾寶此第五段
此西周世古文之最縟將開籀文者器又蝕可屬

讀者才半約畧論之此虢未爲晉所滅時二國盟會之事當盟而有靁電之儆其盟則小子𠨍茲之所可言者如是而已謹橅一通以俟能者庶許叔重載疑之義　小子𠨍之名明白可讀𠨍曾見於諆田之莧矣𠨍是王人也　第三段及五段皆有从隹之字今定爲奪字或釋爲雕字晨電字或曰晨其震之通借也顈俾之通假也第五段爾字上一字卽第三段保字下一字或皆釋爲辟字或說四條俱存之以備采擇

瞿世瑛藏器

周宄敦

隹十又二月初吉王在曾都晉王格于太廟井尗右
宄卽命王受乍册尹曾俾册命宄曰命女疋曾師㲋

𢼸錫女赤環芾用使𠂇對䢅王休用乍尊敦𠂇其萬
年永寶用
積古齋收𠂇彝𠂇盉𠂇簠三器得此而四或錫命
于周或錫命于魯或錫命于鄭王臣之最顯者也
𠂇彝所偁右𠂇者亦井朱穆天子傳有井利井亦
氏其字亦或从邑爲郱此井叔與𠂇同朝可徵非
一事惜終不能定爲何王之世𠂇許叔重曰古文
以爲大疋字疋者正也正其散亂亦猶簠銘所偁
司土司𢀛還散之意　魯者周畿內地今河南魯

山縣是也

葉東卿藏器

周使夷敦

隹五月既死霸辛未王使小臣守使于夷二賓馬兩

金十鈞守敢對揚天子休命命□鑄□中寶敦子二
孫二永寶用

王使小臣使之也使于夷奉使也古無兩讀夷者天子畿內邑莊十七年傳有夷詭諸夷是以地爲氏說文賓所敬也王使宜敬故以馬與金賓之猶䝨卣賓䝨貝布古者吉凶軍賓嘉五禮賓獨从貝燕賓則以好貨不以爲嫌謗春秋傳曰厚賄之奉使而見賓且以爲榮遇勒之彝器以姱示子孫矣如此銘及䝨卣所稱是也漢陸賈使南粵受尉佗槖千

金漢廷以爲美譚司馬相如使邛莋受金免官漢
法稍稍峻矣相如失官歲餘復起遷固皆直書之
不爲兩賢諱葢深知三代盛時奉使之禮本如此
吳子苾搨本

周鄂侯敦

鄂侯作王姞媵敦王姞其萬年子二孫永寶

[illegible]即噩字通作鄂

吳子苾搨本

周太僕原父敦

魯太僕邍父作季姬氏䵼餕其萬年眉壽永寶用

韋昭魯語注曰僕人官名可見魯有太僕官餕同

毀皆卽敦字

王味雪藏器

周畢中孫子敦

唯王十又四祀十又一月丁卯王貞畢荳戊辰會王

蔑段歷念畢中孫子命龔執逭犬刑于段敢對揚王
休用作敦孫〻子〻萬年用享祀孫子保長
此西周之世祭文王墓因與畢中之孫子盟而畢
孫子爲器以紀之也史記引古文大誓曰太子發
上祭于畢馬融太誓注曰畢文王墓所在五禮通
考言天子謁陵之典三代無之始於漢章帝時樂
府有上陵曲因謂古不墓祭疏矣貞卜也卜而從
也此貞从古文鼎舊釋爲鼎者誤也洪範以貞悔爲對文春秋傳
曰貞于昜卜王將祭故卜非卜其日卜其牲用如

春秋之卜郊牛荁行禮之器卜而從凡犧牷牲用皆從省視滌濯皆舉之戔段字蝨沒黽勉之聲轉王歷念畢中之功故與其子孫盟畢中者畢公高也文王之昭獨畢公就封於陵墓設後嗣侵畢之土地則是侵文王之墓故與其子孫盟古者盟必詛於神其禮用犬豭雞三牲執食犬而形之食从之者羨文也詛之禮也刑于叚叚者庌之假借庌者廡也崔靈恩三禮義宗曰凡殺毛牛於碑莅犬牲於塾左側莅豕牲於西序之外者是也戰國時有刑白

馬之事正祖此矣
葉東卿藏器

周格伯敦

蓋

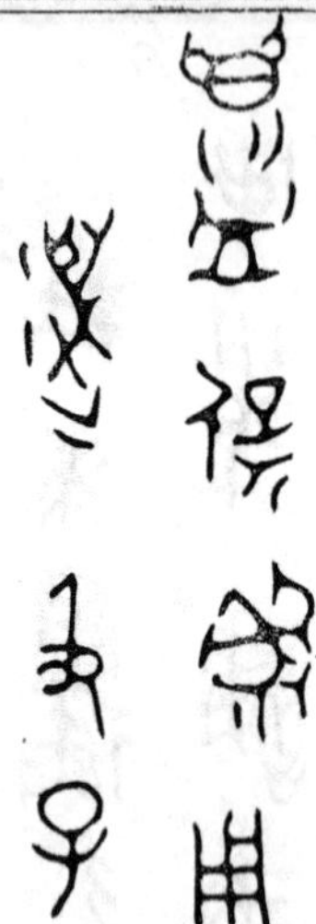

器

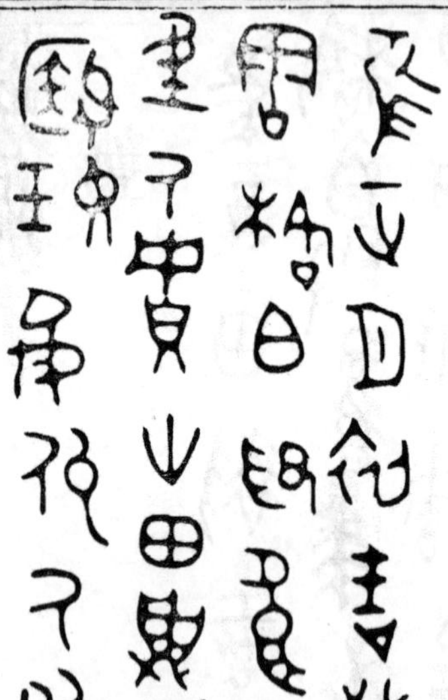

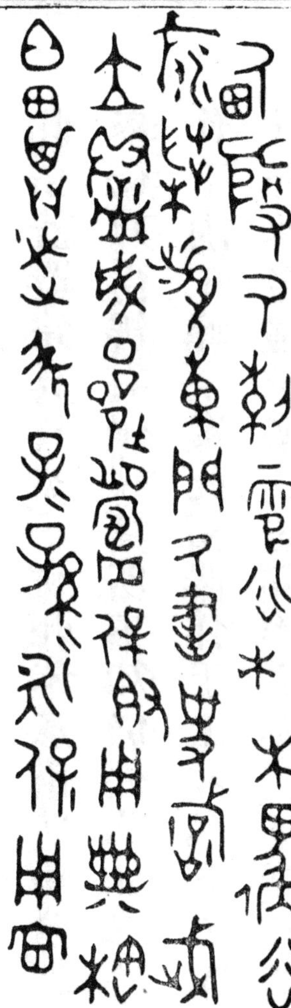

隹正月初吉癸子王在成周格伯受服馬乘于朋往
乃貯卅田則析格伯遣殹妊彶佀乃從格伯安彶甸
般乃斷零谷杜木㝢谷游桒水艸東門乃書史戠武立
釁成塱鑄保毁用典格伯田其萬年子二孫二永保

用亯 器蓋同 蓋銘子孫字無重文

阮氏積古齋鐘鼎款識及瀛舟筆談載格伯簋與此異器同銘向得阮器拓本以校兩書釋文不無疑義錢氏十六長樂堂古器款識亦有此銘而自析格下脫十七字恐係後人放鑄不可據依今得此拓蓋器完具其器爲杭州朱彥甫所藏合數本參校乃得辨訂疑誤其所不知仍從闕如于舊釋作干調干祿今案此拓器作于上非从到入下象气舒亐定爲于字往舊釋作生與朋連讀此拓器

作坙疑㞷字㞷徃通蓋作主乃㞷之省文隸韻劉寬碑狴作狂費鳳碑桂作柱皆變㞷作主之證析下格字舊釋作柖此拓蓋作柖器作格證以後文用典下格字蓋作格器作柖形屢變而字同定爲格字𨗨舊釋作過此拓蓋作𨗨器作𨗨上从虍下从辵中从古且字一到一橫定爲𨗨字𨗨徂之古文詩侵阮徂共魯詩謂阮徂共三國名春秋襄十五年會于柤水經注引作䣜說文䣜沛國縣䣜柤徂同聲通用是地有名𨗨者佀舊釋訓如今案佀

亦地名佀卽姒似之爲姒猶任之爲妊隸續劉夫
人碑任似爲□是也匍阮拓未清釋作旬此拓蓋
器俱作[illegible]从田不从日定爲匍字斷舊釋作系此
拓蓋作[illegible]器作[illegible]說文斷古文作[illegible]解云古文
斷从㠯㠯古文叀字此拓卽[illegible]而小變其不从
㠯者古文叀亦作[illegible]此从之而又加到屮耳又[illegible]
之或體作剸从刀專聲[illegible]下之到屮或卽叀下之
寸總之與斷音義同也[illegible]釋作谷諸本口皆作凵
初疑是兆字細審不然說文泉出通川爲谷从水

半見出于口據此銘口當作凵凵張口也檢九千字形聲均無从凵者惟谷从之而又變作口幾不知此凵字究何用矣[illegible]舊釋作禺丙二字今案諸本形畧同筆畫連屬決爲一字然無以明其爲何字也東門上阮拓有形錢本亦有而小變此拓器有蓋無舊據尒雅水艸交爲湄釋作湄案鄭注王制云沮謂萊沛何氏云艸所生曰萊水所生曰沛則此字亦或爲沮然可有可無疑象水艸形以明疆界未必卽字也戩舊釋作誠案薛氏書有戩敦截凡四見作□□□□四形此依鐘鼎字原今刻薛書小異此拓蓋□□器作□形相若定爲截字豐阮拓作□款識本摹小異此拓器作□蓋作□案薛氏書叔夜鼎豐作□太公簠豐作□形相若說文豐在爨部此从□而岐其上象分裂中有到火象竈从皿器也定爲豐字壘舊釋作䖒土二字細論諸本蓋一字从䖒从土疑鄉之別體鄉卽饗省饗簋猶言薦簠也保𣪘舊釋作征皀阮拓作□□故誤仞此拓蓋作保𣪘器作保𣪘甚明劃也用下典上阮拓有西字

釋作期訓蘄也此拓田字蓋器並在銘末保用下
錢本亦在銘末自爲一行以詛求之則亯字也阮
器用典之用適當七行末而八行末保用之用較
七行末用字又下半格亯字無地可容故遂綴七
行下由八行末回讀乃得之制亦奇矣然不得衆
拓校之亦烏從辨訂哉他如貯此拓蓋作□从到
宁零蓋作□卽令字杜阮拓作□反書也釋曰隹
正月初吉癸子者阮釋調癸亥甲子二日是也錢
氏云博古書載商兄癸卣有丁子周伯碩鼎有乙

子與此云癸子者正同蓋兼兩日言之王在成周
非一日故如此云云也王在成周格伯受服馬乘
于朋者朋古文鳳亦作鵬朋豐音近豐文王廟所
在蓋受于文王廟也往往其地也乃貯世田則者
阮釋世爲三十則爲周禮大宗伯五命賜則之則
是也則當讀爲菑尒雅田一歲曰菑郭注今江東
呼初耕地反艸爲菑則菑古音同考工記鄭司農
注菑讀如雜厠之厠公羊昭廿五年傳以人爲菑
何注今太學辟雍作側厠側皆則聲也貯積也謂

積算也將以受格伯故積之也析格伯遺毆妊彶佀者析分也遺以下皆地名所謂世田則也乃從格伯安彶者阮謂格伯以彶爲安從而授之也甸殷者甸田也治也殷阮訓正正疆界也乃斷雩谷杜木闕谷游桒朮朱東門者斷截也雩谷以下皆彶之地名其疆界也此正甸殷之事乃書史戠者戠識通微識也書之史與識示久遠也武立嚳者武人名立嵒通謂監視也嚳卽孟子嚳鐘之嚳趙注謂新鑄鐘殺牲以血塗其嚳郄也嚳之義爲隙以

血塗器之隙因名為釁也成壘簋保𣪘者時鑄器非一也此言鑄器之事用典格伯田者典主也鎮也其萬年子子孫孫永保用亯者款識常語許瀚

杭州朱彥甫藏器

周史安敦蓋

史安作寶敦其萬年子=孫=永寶

安字下从古文鼎古文鼎象鼎之坫所以安鼎故
从之此古文奇字之可說其意義者

筠清館搨本

周史頌敦

蓋

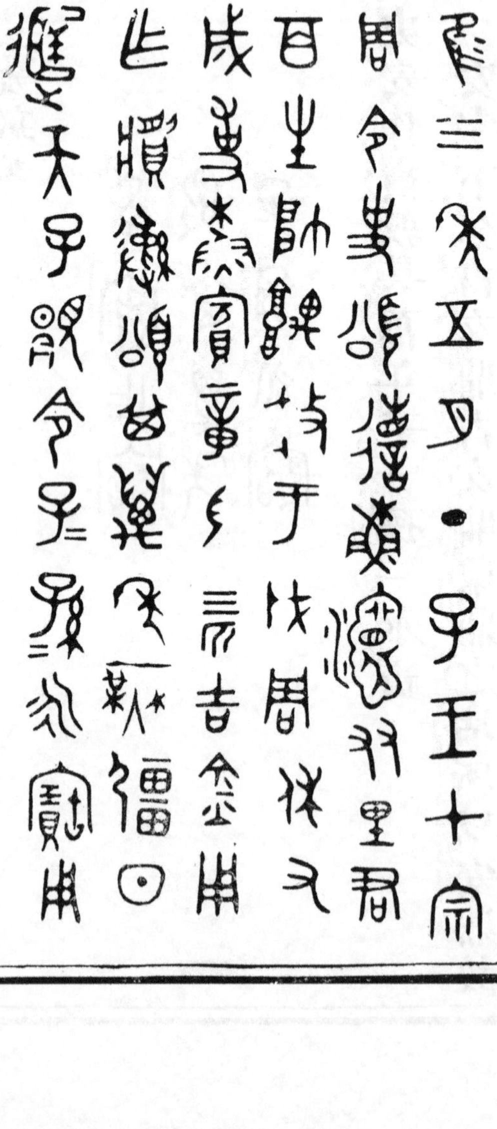

器

惟三年五月丁子王在宗周令史頌德穌口友里君

百生帥堣盩于成周休又成事穌賓章馬三所吉金用作𪔂彝頌其萬年無疆日□天子顜命子＝孫＝永寶用　器蓋同

西清古鑑一器與此器文同此舊釋也

吳子苾搨本

周然睽敦

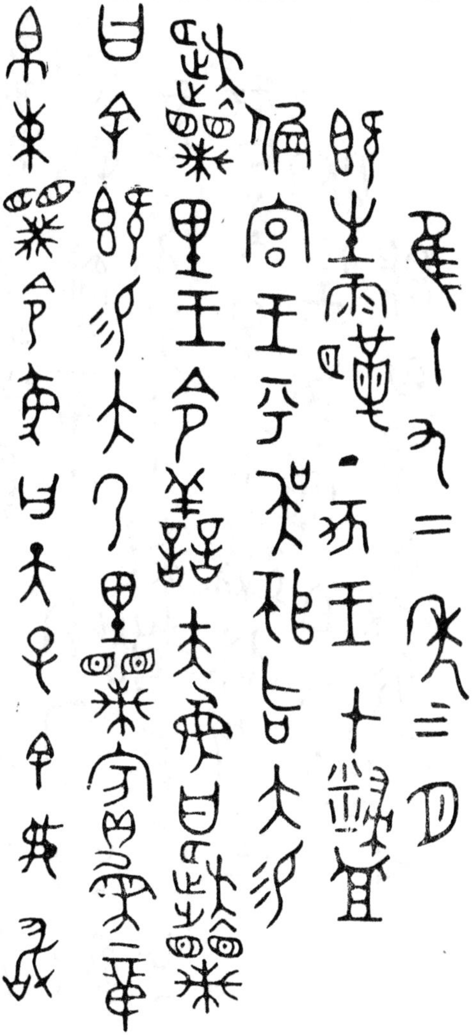

隹十又二年三月既生霸丁亥王在𩰫且口脤宮王
平吳師召大錫然睽里王命善夫敏曰然睽曰余既

錫大乃里睽賓敏龍帛束睽命敏曰天子余弗敢楚
敏以睽普舟大錫里大賓賓敏執龍馬兩賓睽執龍
帛束芾拜䭴首敢對揚天子丕顯休用乍朕皇考剌
白尊敦其子孫二永寶用

此楚器熊渠後僭稱王是楚稱昭四年傳有然丹
然是楚姓平吳師是楚事舟師是楚兵首舟猶言
首塗之意羅泌國名紀紀楚地有睽此人名睽可
知睽是楚之言惟王所在从米从皿从帚孤文無
左證其聲與其義宜竝闕其文繁不稠如然字既

从口从从止矣又从从小篆說之犬火此東周文字之沿籀文而益蔓者非古文也大是臣名見大鼎詺且者祖道祭也善夫爲膳夫之省文左从害右从丮者執之異文剌張守節解曰不思忘愛也餘難曉所可言者盡此矣　或曰王所在是秭歸二文合書之从米皿者禾之異文也秭歸是楚地存備一說

陽湖孫伯淵觀察星衍藏器

周師㝨敦

蓋 百十三字　較器少乃我齊三字又子二孫二作孫二子子字無重文餘悉同

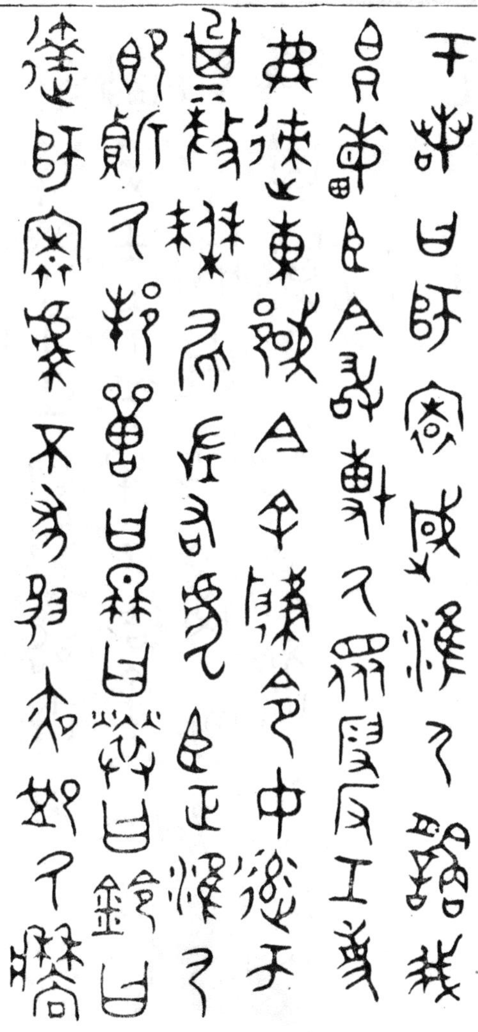

器 百十七字

王若曰師寰 戚 淮人□我□畮臣今敢博乃衆叚反
乃工事弗速我東域今余肇令汝逹齊師其贅□□
左右虎臣正淮人即□乃邦嘼曰冉曰萃曰鈴曰達
師寰虔不墜夙夜卹乃□事休旣又工折首𡙕□無
諆徒馭敺孚士女羊牛孚吉金今余弗叚組余用作
朕後男巤尊敦其萬年子二孫二永寶用享

龔定盦云籀文子字與巤同字詳說文子部及囟
部叔重之意葢曰巤本非子字而籀文以爲子字
也亦形近而假借之例此男子即囟部說解之左

證

筠清館搨本

周仔林父敦蓋

仔林父作寶敦用享用孝蘄眚壽其子子孫孫永寶用鼎

說文孕褢子也从子几徐鍇曰几音殊草木之實垂亦取象於几朵字是也人褢妊似之也或釋作保省亦通

吳子苾搨本

周叔皮父敦

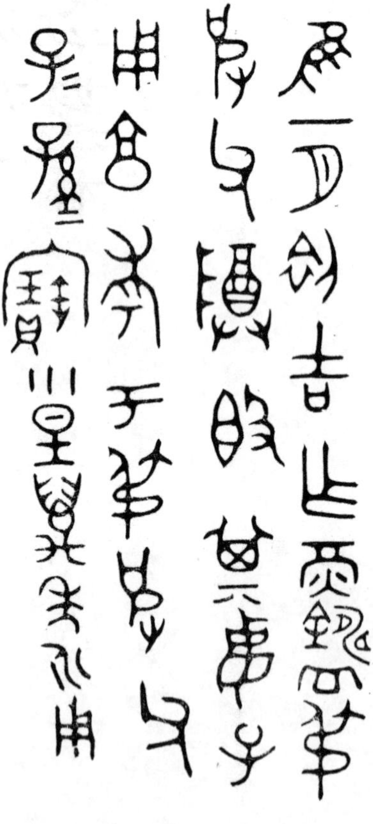

隹一月初吉作鑄叔皮父尊敦其民子用享孝于叔皮父子二孫二寶皇萬年永用

鑄國名左傳臧宣叔娶于鑄民子别於大宗乃友子之無田祿者也漢書有民夫文法相近皇說在叔家父簠下一月之文此僅見鄭康成說召誥曰二月當爲一月不言正月者尚未治定制禮不得言正月也可見古者未治定制禮不稱正月治定功成矣則無不偁正月者不始孔子作春秋此一月者何新國也

龔定盦搨本

周蘇公敦

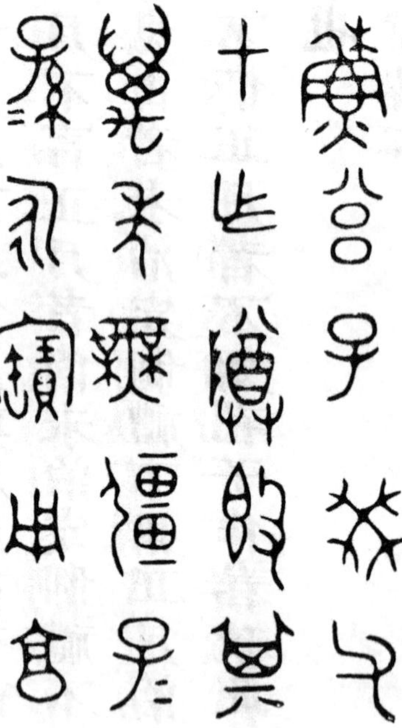

蘇啓子癸父甲作尊敦其萬年無疆子=孫=永寶用享

魚上从木疑是蘇字之省積古齋有魚冶姃鼎上
魚字从木下一字省之以爲古文繁簡無定兹仍
从舊說旮疑卽公字

瞿世瑛藏器

周周棘生敦

周棘生作椃媜媅𣄰敦其孫孫子子永寶用享

李芝齡藏器

周麋生敦

麋生曶父師周射中曶以召其辟休乃成事師周作

文考尊敦子二孫二永寶用

筠清館搨本

筠清館金石　卷三　四十二

周虢季氏敦

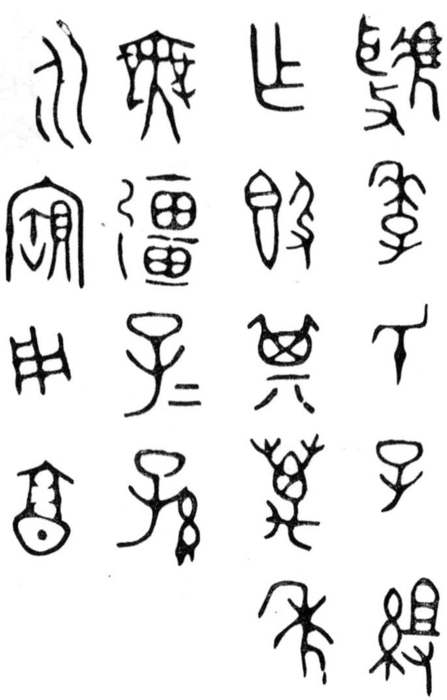

虢季氏子組作敦其萬年無疆子=孫永寶用享

徐問渠搨本

周郘伯達敦

郘伯達作寶羞簋萬年孫子其永用

簋所从之皿移於右旁

吳子苾搨本

周叔龜敦

叔龜作父丙

葉東卿藏器

周矩父敦

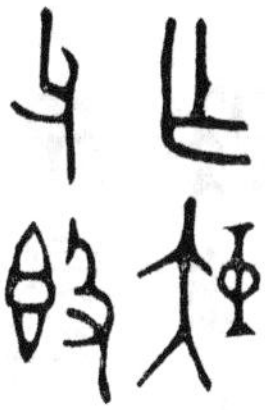

作矩父敦

吳子苾搨本

周中殷敦

蓋

器

中殷父鑄敦用朝夕享孝宗室其子子孫孫永寶用器蓋同

積古齋收一器詞同而字異

葉東卿藏器

周專啚敦

剸啚作祖戊寶尊彝 子持戈

首一字疑是剸與專同漢書蕭何傳上以此剸屬何關中事師古曰與專同

劉燕庭藏器

周叔寘敦

叔寘作星寶尊彝臯

筠清館搨本

周伯致敦

蓋

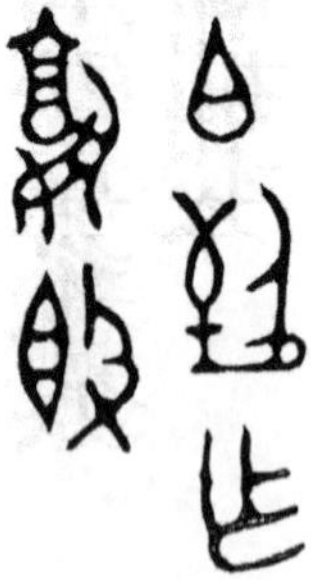

器

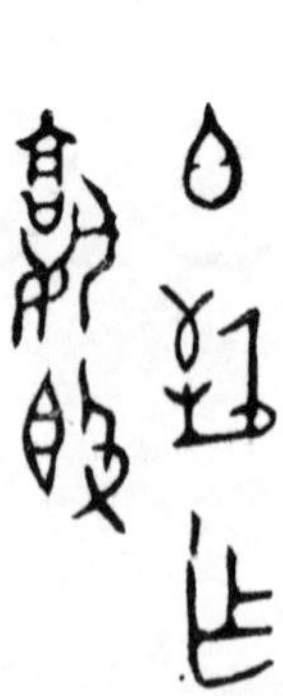

伯致作孰敦　器蓋同

孰說文作𦏧墊古文有作𩛾者則下从丮乃古孰字也禮運腥其俎孰其殽注祭祀自孰始　生孰字从火後人所加

吴江翁叔均大年搨本

周罠敦

罠作寶敦其永寶用

吳子苾藏器

周望敦

蓋

隹王十又三年六月初吉戊戌王在周康宮新宮旦
王格太室卽位宰朋父右曌入門立中廷北鄉王呼
史年冊命曌列治畢王家錫女赤環芾䜌用事曌拜
稽首對揚天子丕顯休用作朕皇祖伯日父寶𣪕其
萬年子二孫二永寶用

器

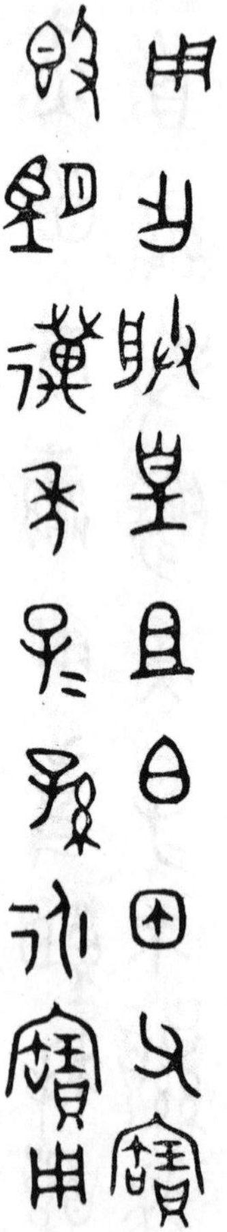

佳王十又三年六月初吉戊戌王在周康宮新宮旦
王格太室卽位宰朋父右曌王呼史年冊命曌列治
畢王家錫女赤環芾䜌用事曌拜稽首敢對揚天子
丕顯休用作朕皇祖伯日父寶𣪘曌萬年子二孫永
寶用

姚聖常墓本

周⿱旅言敦

伯⿱旅言作文考幽仲尊段旅其萬年寶用饗孝

嘉興張以銘藏器

周司敦

蓋

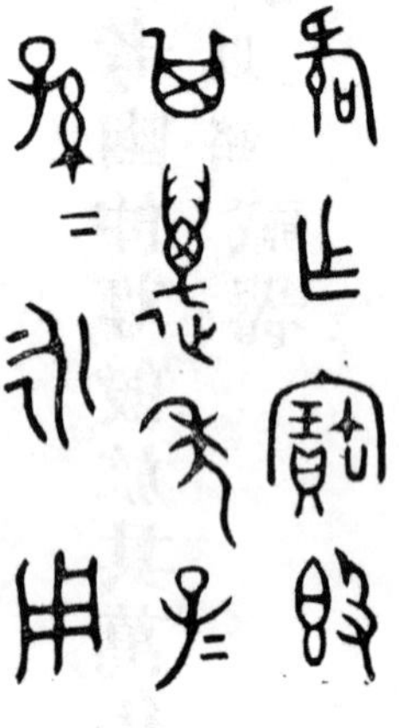

器

司作寶敦其萬年子＝孫＝永用器蓋同　器銘孫字無重文

積古齋收此蓋銘闕其器首一字桂未谷釋作壽

徐問渠搨本

周司土敦

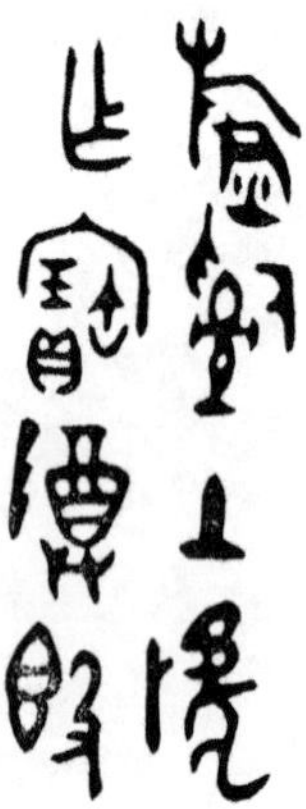

旅□司土俿作寶尊毀

司土官名見曲禮亦見宄彜

龔定盦搨本

周豐姬敦

豐姬作父辛尊餕用作乃後□孫子其萬年永寶

豐乃文昭見彝器者有豐侯鐘及此敦　⿰丰丰下从米形

吳子苾搨本

周叔姬敬敦

□侯作叔姬敬媵敦其眉壽萬年子子孫孫永寶用

劉燕庭藏器

周伯作敦

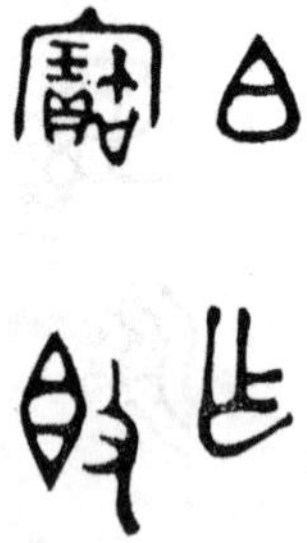

白乍寶敦

此與積齋所藏一器同惟作敦字互有剝蝕耳

筠清館搨本

周旅車敦

□□□□仰父□旅車敦

筠清館搨本

周敦蓋

隹王三月初吉癸卯□叔段禋于西宮益貝十朋用

作寶敦子〻孫〻其萬年永寶用

西宮猶齊侯壺南宮皆不可彊定

吳子苾搨本

筠清館金石文字卷三終

道光二十又二年壬寅仲
冬南海吳氏筠清館刻

筠清館金石文字卷四

賜進士出身資政大夫湖南巡撫南海吳榮光撰
嘉定瞿樹辰校字

款識類

周大蒐鼎

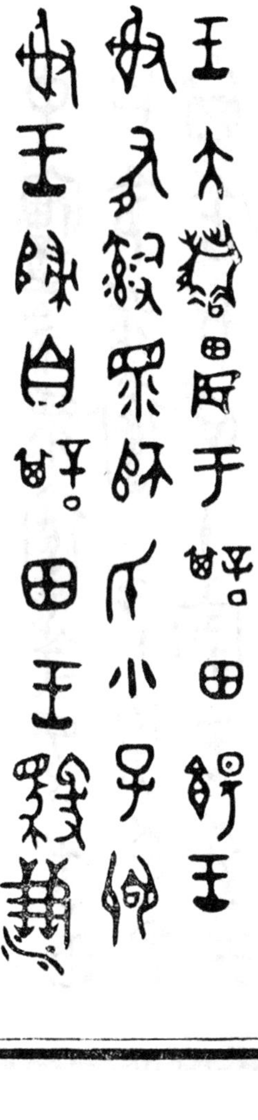

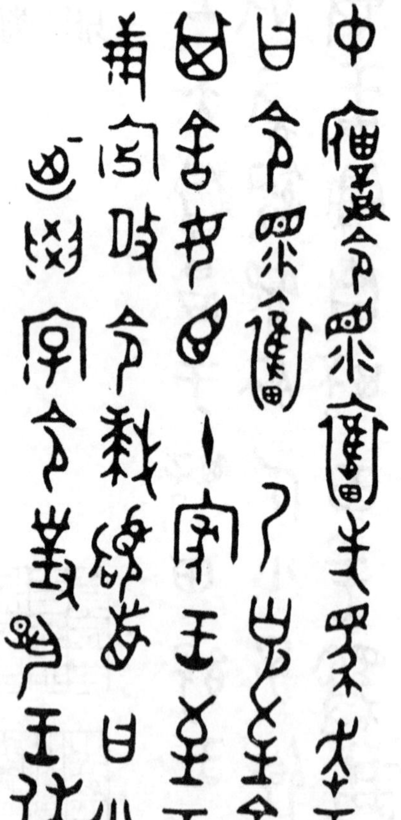

王大蒐吙于諆田餳王射右䡩眔師氏小子卿射王
歸自諆田王馭𩃟中僕令眔奮先馬走王曰令眔奮
乃克至余其舍女臣十家王至于𩃟宫馭令拜稽首

曰小口迺學命對揚王休

小子卿蓋貴游子弟之學於師氏者此從王蒐且射王舍於其家而詔鼎以紀王休也說文卯闕其聲卯部獨收卿字而卿之名再見於彝器之詔見鄭公敦錫爲餯之重文晝食也駛同使亦同駛速疾之意第三行第九字从彗从水舊釋爲溓字今定爲䨮字從天雨䨮而言則从雨在彗之上從䨮在地而言則从水在彗之下此孤文之炳然可說其義者蓋蒐畢而晝食晝食而校射校射畢而䨮日晏

不及至乃使使者先馬以至於夘之家曰余其舍
女者古吉行三十里三十里爲舍王吉諫昌邑王
獵亦引吉行日三十里可見田獵雖日晏必尅期
於所舍臣十家者扈從之衆卽師氏右中僕之屬
皆小子夘爲之供帳矣王所舍因名之曰雩宮王
曰迺學命者寵而誠之之辭學命學典謁將命誠
其仍就師氏學也蓋此詔之情事如此其曰衆奮
乃克至者千乘萬騎先歸王獨以扈從親臣十家
舍於小子夘之家非王蒐僅以十臣出也故此詔

亦不紀頒禽饗衆之禮按唐人觀獵詩日雪盡馬蹏輕可證此銘之義

夏松如藏器

周小子射鼎

蓋

器

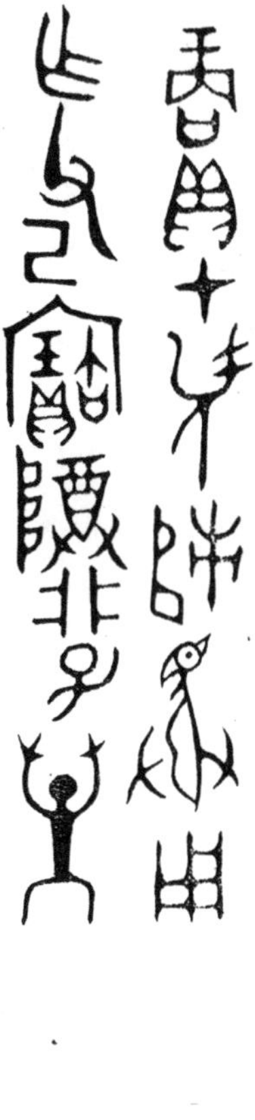

乙亥子錫小子射王賞貝十朋師射用乍父已寶尊

彝子孫 器蓋同

賞以商爲之見積古齋留君簋下師衆也衆射而

小子獨受賞也射字从目从弓形从兩手奉之郭

忠恕汗簡收㪽字云出義雲章義雲不知何書能

弋古文未可非薄矣此文更从目會意爲異鼎
以文義連讀之必古文鼎　凡公卿大夫惟喪禮
受貝餘無錫貝賞貝者受貝蓋微者也
吳子苾搨本

周康侯鼎

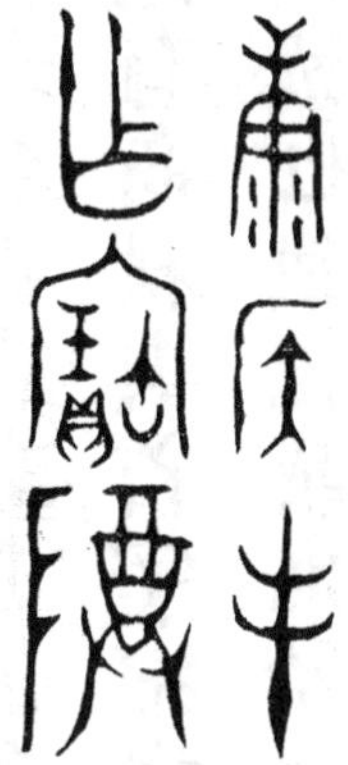

康侯手作寶尊

手作手見汗簡手作殆卽後人手筆手記手制之意此開其先者

筠清館搨本

周夜君鼎

墉夜君成之載鼎

成作器者名也夜音亦邑名君封號也稱夜君者猶秦之有商君與首字墉之省文詩大雅以作爾庸通墉城也載紀載也殆成受封作城而銘是器以誌君命耳　吳子苾

葉省洲搨本

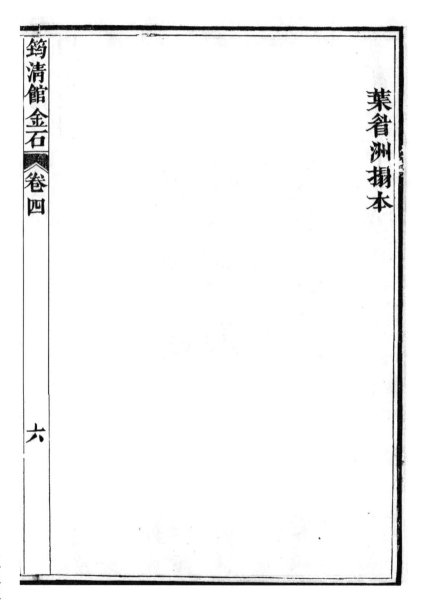

周兵史鼎

齊兵必[illegible]兩手形史喜作寶鼎其眉壽萬年子二孫二永寶用

右兵史鼎高四寸一分深二寸三分口徑七寸八分體縱六寸四分橫七寸足縱六寸橫八寸八分重六十兩口微侈周著雷回饕餮之狀兩耳四足俱飾獸面銘四行次行四字餘三行行五字子孫二字重文龔自珍曰齊下非莽史莽从四中細讀搨本不見四中形莽史亦不見故書雅記此兵史耳說文兩手奉戈爲戒兩手奉斤爲兵奉干亦爲

兵奉盾亦爲兵奉干者古文奉盾者籒文奉斤者小篆也此爲兩手奉必必者戈柲也周禮夏官司兵史二人司戈盾史四人皆卽兵史之謂與

筠清館藏器

周大鼎

子二孫二萬年永寶用

隹十又五年三月既霸丁亥王在[illegible]脈宮大以乃友
守王享醽王呼善夫駛召大以乃友入攼王召旅馬
庭命帥碼䮂卅匹錫大大二拜稽首對揚天子丕顯休
用乍朕剌考己祖盂鼎大其子二孫二萬年永寶用

此與然睽敦同時同事而作大是睽同父兄弟剌
白于睽爲皇考于大亦爲考可知矣駛見諆田鼎
攼同扞碼同騗音寶見石鼓文䮂黃馬黑喙也卅

从山爲之見曶鼎　享䰜疑是享醴之異文

筠清館搨本

周於鼎

廟形　[illegible]

此丨部之於左右互易　或曰右从㚇取㚇龍爲

㫃之義非小篆說从中曲下垂之文古文篆文天

可合并存備一說

介休韓芸舫中丞克均藏器

周新宮叔碩父鼎

新宮叔碩父監姬作寶鼎其萬年子=孫=永寶用

萬作邁假借字

姚聖常摹本

周韓侯白晨鼎

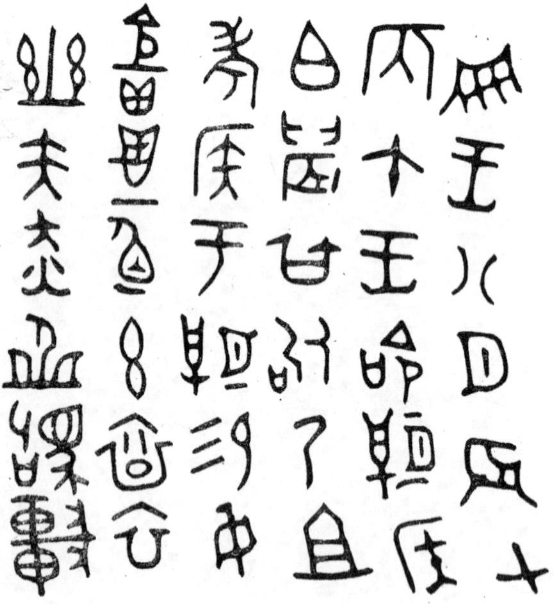

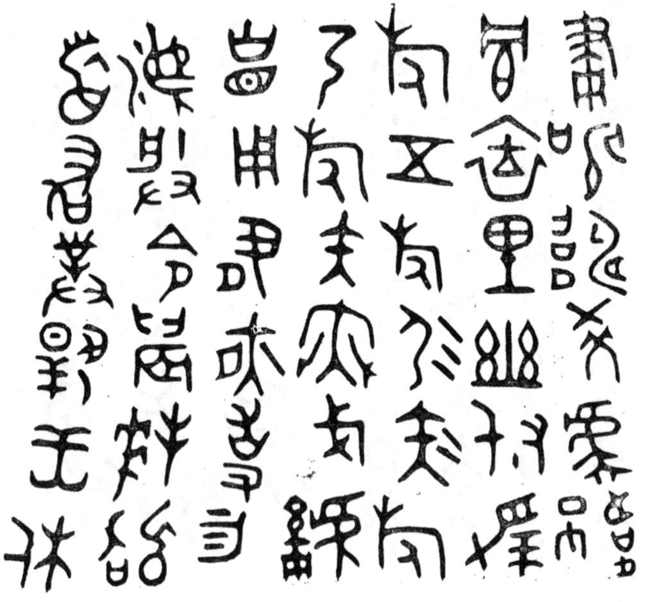

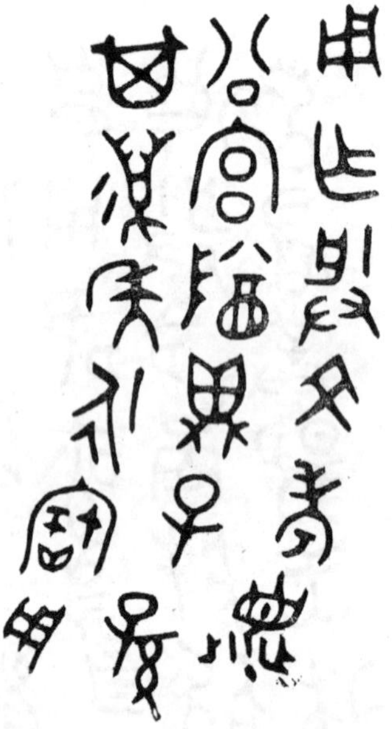

惟王八月辰在丙午王命韓侯白晨曰嗣乃祖考侯
于韓錫女秬鬯一卣元衮衣鑾夫赤旅駵韡畫旐𩏂
交虎□冟□里鑾□驖旅五旅弓三矢二旅弓旅矢
必戈綏克用夙夜事勿灋朕命晨拜䭫首敢對揚王

休用㠯朕文考德公宫尊鼎子孫其萬年永寶用

夫赤旅也者大赤旂也大假夫旂假旅者古文以爲大古文以爲旂也馭隸作駕說文巾部有幬章部無韠幬禪帳也从馬从王者驖之省文非王登之壬音他鼎切驖者黑馬也珌之爲必省文也攷工記緷借必爲之圭之飾此珌借必爲之刀之飾虎卡一字疑韔之省文交韔虎韔見詩交也者交之假也旅五旅者徒衛二千五百人也里轡義未聞弓三矢二爲合文弓何以三矢何以二義未聞旅弓旅矢

則黸弓黸矢之假也勿渫朕命也者渫媟也龔定盦

第八行里黑之省文也吳子苾

筠清館搨本

周應公鼎

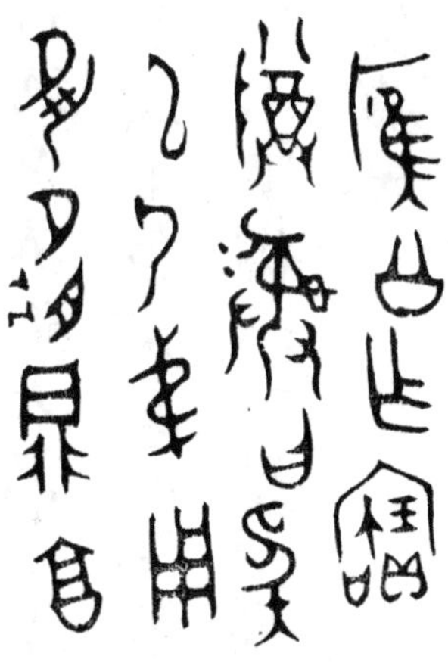

應公作寶尊彝曰申巳乃弔用夙夕鬺亯

申有羑文見申望鼎此申巳二文讀爲神祀毛萇天保

傳曰弔至也弔所从是弗字小篆作紼助執紼弔之禮也助執紼則同執畢至以遠士外姻至故弔之引申之訓爲至　古文叔與弔二文極似易誤讀尙書君奭篇之不弔大誥之不弔詩大雅不弔不祥威儀不類弔皆當爲叔不叔者言不淑也凡叔字千百見弔字纔一二見故備論之

徐問渠藏器

周應公鼎

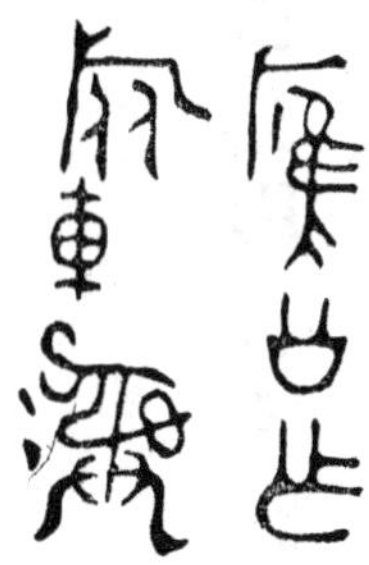

應公作旅車彝

平湖韓韻海藏器

周伯矩鼎

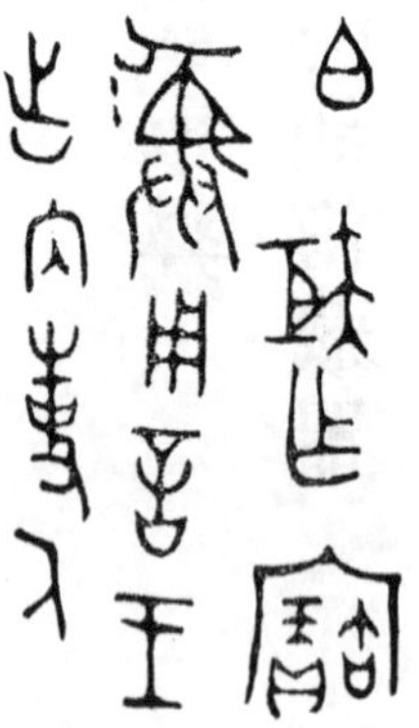

伯矩作寶彝用言王出內使人

伯矩凡四器此器自諾其功鄭元烝民箋曰出王命者王所言承而行之內王命者復於王也言使

人者舉王命之最大者而言毛萇烝民傳曰喉舌冡宰也傳意周無納言之官宰夫掌百官之復萬民之逆故知仲山甫是冡宰矣然則伯矩亦周冡宰

筠清館搨本

周明我鼎

明我作鼎

此與積古齋明我壺是一人之器

吳子苾藏器

周鼎

□犨作朕考寶尊鼎犨其萬年永寶用朝夕饗乃多

□□

筠清館搨本

周伯頵鼎

伯頵父作朕皇考傒伯吳姬寶鼎其萬年子二孫二
永寶用

傒同奚吳同虞
吳子苾搨本

周父辛鼎

中畢形　左右二曾形　父辛

此紀田獵之盛

葉眘洲搨本

周叔戎鼎

叔戎作用

葉東卿藏器

周友父鼎

考作友父尊鼎

吳子苾云按卲友字焦山鼎史友友字與此相似說文友古文作𦤎此署省

葉東卿藏器

周寶父鼎

惟六月既生霸庚寅王格于太室司馬邢伯右師奎父王呼內史駒册命師奎父錫載芾同黃元衣黹束戈琱戟旂用嗣乃父官友奎父拜稽首對揚天子丕顯魯休用追孝于□中用作尊鼎用匄眉壽黃耇吉康師奎父其萬年子=孫=永寶用

奎字不見於說文从大从玉當是古文𡗝字之省
駉驥作同黃亦省文字驥與騜同
劉燕庭藏器

周師器父鼎

師器父作尊鼎用享孝于宗室用旂眉壽黄句吉康
師器父其萬年子子孫孫永寶用
祈作旂耇作句一假借一省文
劉燕庭搨本

周吳生鼎

番中吳生作尊鼎用享用孝子〻孫〻永寶用

筠清館搨本

周黿形鼎

周夫作寶鼎　黿形

⿰夫舍應是周夫二字或即⿰矢册字⿰矢册射鳥箭也見廣韻

凡黿形漸年之意

吳子苾搨本

周冋鼎

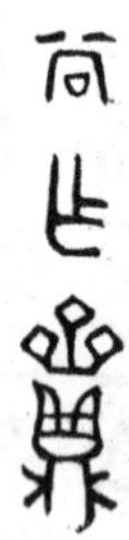

冋作齋

齋不見說文齊盛非鼎實此齍之通假說文不收是也 龔定盦

冋是谷字或是冋之變文音扃光也𪔂應作盇鼎非齍字且齍說文云黍稷器烏能通假乎 吳子苾

瞿世瑛藏器

周𩫖鼎

𩫖作寶鼎

吳子苾云說文𩫖度也民所度居也从回象城𩫖
之重兩亭相對也又墉古文作𩫖

吳子苾搨本

周王子臭鼎

佳正月初吉丁亥王子臭羿其吉金自乍飤鼑其眚壽無諆子二孫二永保用之

鼒薛尙功釋爲鋓之省固牽強無義近日欽程侍郎恩澤以爲卽鼒字按之形聲皆不合長樂梁侍郎章鉅云鼎絕大又上哆與圜斂上者殊異則求之器形亦不合鍾鼎自有孤文爲許愼以來所未收者聽其从鼎千聲而闕其義可矣無諆猶無期明焦竑石鼓詩曰辟廱橫陳雜鼒[鼎憙]蓋本此焦江左人親摩挲此鼎者也器藏蘇州虎邱寺

周諸母鼎

子中王作諸母鼎享于宮

諸母者何父之妾母之姪娣也父之妾母之姪娣曷爲享春秋穀梁傳曰一人有子三人緩帶是也

曷爲享於宫春秋考仲子之宫禮家説之曰妾不配食於廟别立宫以祭是也其禮於子祭於孫止此仲王嫡子也嫡子之立爲君者也　問古禮所謂於子祭於孫止者謂所生之母與抑父妾與曰謂父妾若君所生之母質家母以子貴配食於父漢以薄太后配高廟禮也鄭氏駁五經異義乃據周文家難漢質家以爲非禮不知文質再而復者也若父妾非所自生及身祭之不世祭禮也　又問隱二年五年穀梁傳爲禮家所詬病其大失有

幾曰穀梁以仲子爲孝公妾惠公母隱公祖母非事實大失一以爲惠公母矣則以惠公仲子四字連讀是繫母於子也其詁僖公成風亦然可謂不詞大失二且以爲惠公母矣則隱公正宜孝享王母何得繆引禮家於子祭於孫止之文以待父妾者待祖母乎審若是則祭先君而餒先君所自生之妣於先君安乎是不孝不仁之言大失三故歧之中又有歧焉此廢疾之不可起者也

段處士驤搨本

周申月望鼎

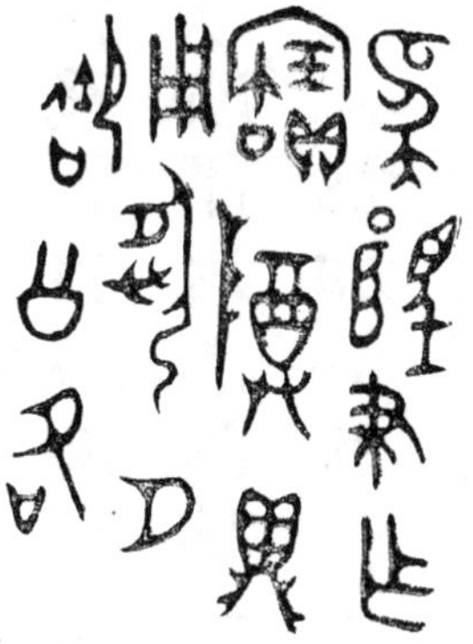

申月望聿作寶尊鼎用夙夕御公各

申月者孟秋月也申从大器銘往往有羨文或爲大或爲𠂢或爲口或爲㞢非字義有所从殆諸器

之側月爲圜形則以望故也公各公路之省　或
謂古人以干支紀日不以紀年與月此近世文章
家舊說召誥顧命書日不書歲月名歲月之名天
下臣民自六歲學六甲後無不知之何待史臣紀
載史臣又紀日以詳告後世春秋亦以書日爲恩
公羊家所謂用心益精之事若歲月干支所在史
職不以此爲加詳春秋不以此爲加恩故尚書春
秋無之並非例不得書今錄彝器文以干支紀月
者凡三見夫私家鑄器之事益與竹帛異矣

姚聖常摹本

周仲子化盤

中子化用保楚王用正梠用翁其吉金自作盥盤

化卽貨字說文楣秦名屋櫋聯也齊謂之檐楚謂

之相此楚器用楚方言之相宜矣但正梠義終不可曉不強爲說卲字从公从卩凡从卩猶从手从又也毛萇天保傳曰公事也此猶差擇其吉金之意猶有事於宗廟之意此乃孤文但會意炳炳明白惜無從知其聲昔許叔重闕聲之字固已多矣

或問毛萇何以訓公爲事告之曰禴祠烝嘗四時之祭及先王不及先公訓爲先公者非漢人以禮說詩者也

姚聖常摹本

周曾伯厚盤

曾白厚父作仲姬俞賸槃

說文賸送也副也其字與媵本同義非媵之假

筠清館揭本

周仲𠭯父盤

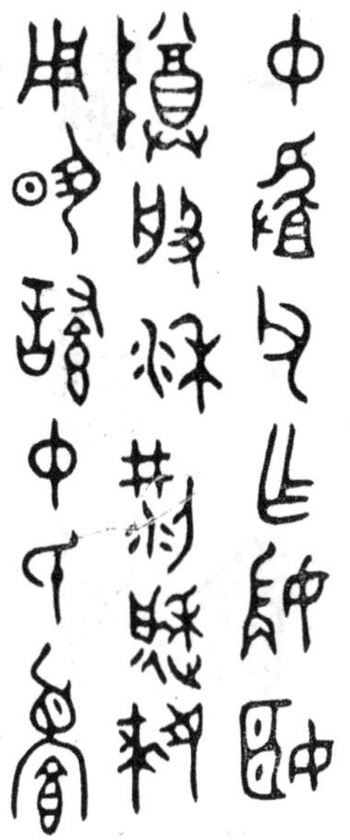

仲𠭯父作端姬尊盤黍粱來麥用夙饗中氏饗
黍粱下二字疑是來麥二字散氏盤萊字與此畧
同麥从來从夂此移夂在右小異耳夙下似餐字
張小餘藏器

周歸夊盤

（金文字形，共四列）

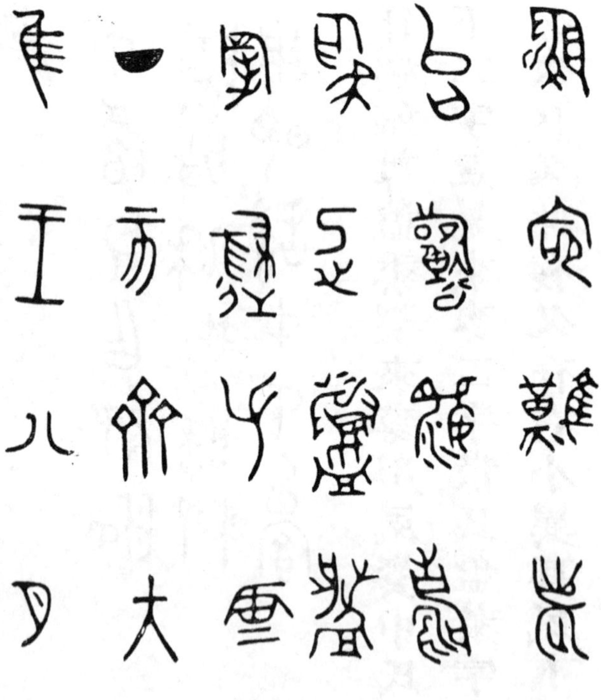

隹王八月丁亥齊太僕歸父□爲己鑄盤以蘄眉壽
受命難老

此盤文左行爲己鑄盤猶云自作盤己字作忌猶
晉姜鬲之已作巽說見鬲下以假台爲之

陳壽卿藏器

周女穌盤

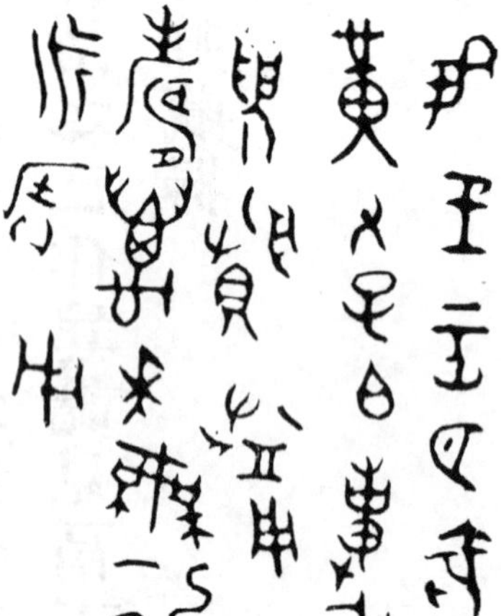

隹王正月初吉丁亥黃□子白事作女穌□賸盤用
蘄眉壽萬年無疆子孫永寶用

䲨媵同盤字反書事使之假也

葉東卿藏器

周曾伯愈父鬲

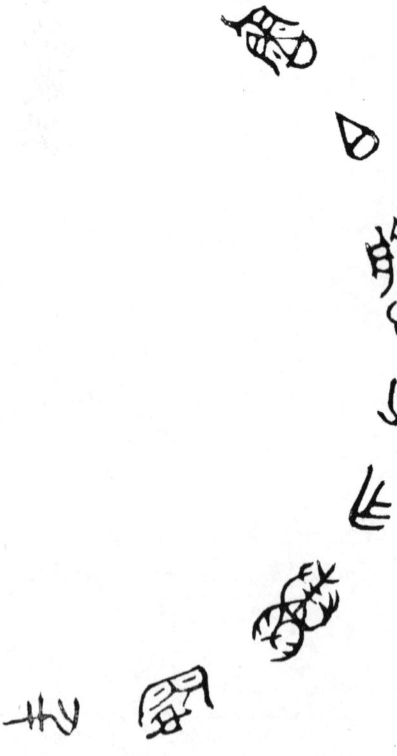

曾白愈𡗜㠯邾姬年媵羕鬲其永寶用

此曾女許嫁於邾而作媵器也媵女以器左傳哀

十一年陳犢頫賦封田以嫁公女有餘以爲巳大器是其徵也邾字以龍奄形奉之與邾公華鐘同說詳後古者女子之倗有二從夫家倗之則系之以父之國家左傳倗齊侯之夫人三王姬徐嬴蔡姬是也從父家倗之則系之以夫之國家蹶父之女姞姓嫁韓詩倗之曰韓姞詩小序倗秦康公之母曰秦姬此銘倗邾姬是也近世文章家但用前一例不用後例晉陶淵明倗其姑曰程氏姑屬詞最古

吳子苾搨本

周𠂤鬲

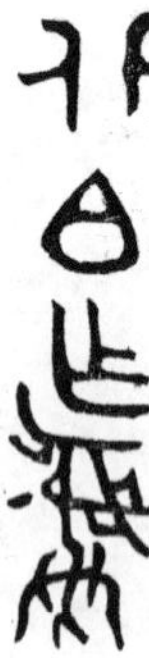

𠂤 白乍彝

𠂤說見前此盉省

葉東卿藏器

周鼎鬲

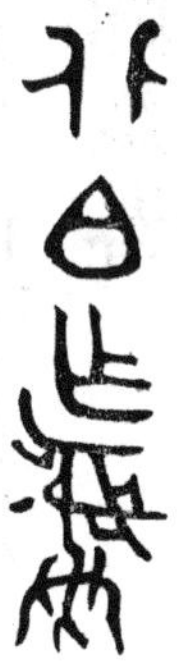

鼎　白邑彝

鼎說見前此盌省

葉東卿藏器

周王伯姜鬲

王伯姜作尊鬲永寶用

葉東卿藏器

周晉姬鬲

晉姬作㠱齊鬲

說文已部有㠱訓長踞於義無取齊歸父盤已作忌此作㠱實皆已字古人施身自謂曰已者何也謙詞也已在天干爲第六自居卑幼故曰已後世

自稱曰某甲某乙亦其例也籀文繁而喜新假从已之文爲之或作[illegible]或作㠱也龔定盦

己祀之省卣期之省當作晉姬作祀期坙鬲吳子苾

葉東卿藏器

周婦女鬲

婦女彝

葉東卿藏器

周雷甗

雷作寶尊彝

夏松如藏器

周舊輔甗

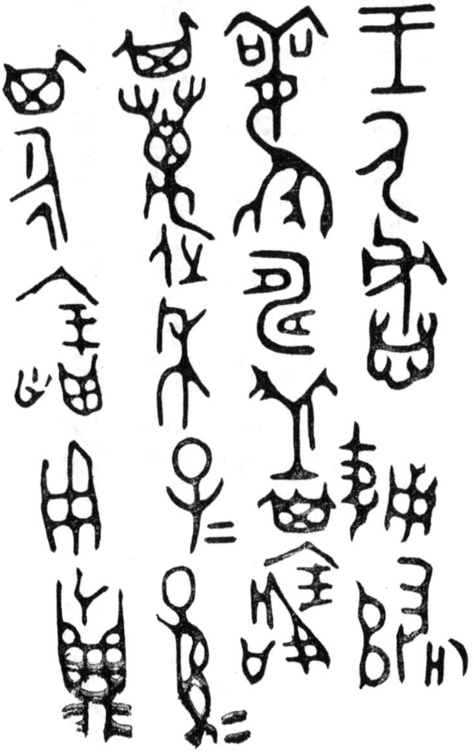

王及舊輔歸牛馬鑄其寶其萬年子二孫三其永寶

用貞

此鬳字勢奇古牛馬是象形餘未可定姑依秦氏

舊釋如此 有釋鑄爲壽𤕫二文以附會五帝本

紀者不可从 親見此器非鼎依舊釋定末一字

爲籀文貞

秦敦夫恩復藏器

周甗

作寶彝子其永寶

筠清館搨本

周伯鼻父盉

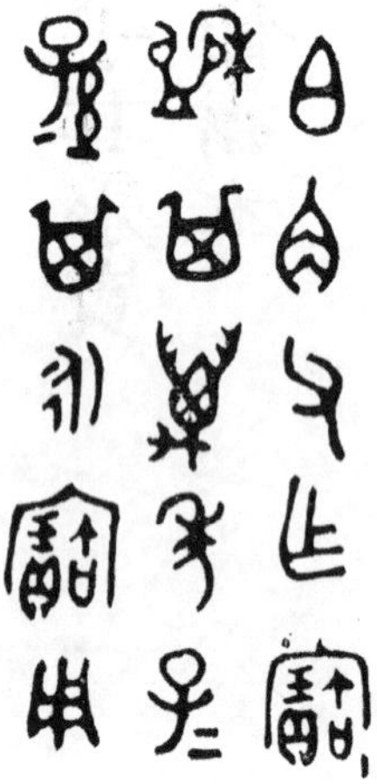

白自父乍寶盉其萬年子〻孫〻其永寶用

自古鼻字象形廣川書跋引說文盉調味器也今本說文奪器字

龔定盦搨本

周兹女盉

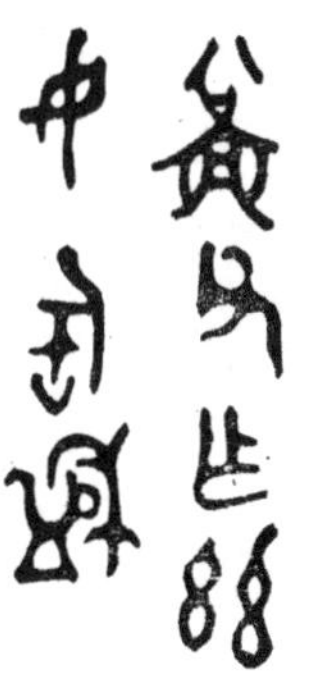

𤕦父作兹女寶盉

𤕦亂也从二口从爻爻者交亂之意衣部襄从此會意亦从此得聲此𤕦父疑襄父之通假至其字形視小篆𤕦微不同求諸衣部古文襄甚近似古

文緐緭難可畫一也吳子苾云疑是圖字

劉燕庭藏器

周殳季良壺

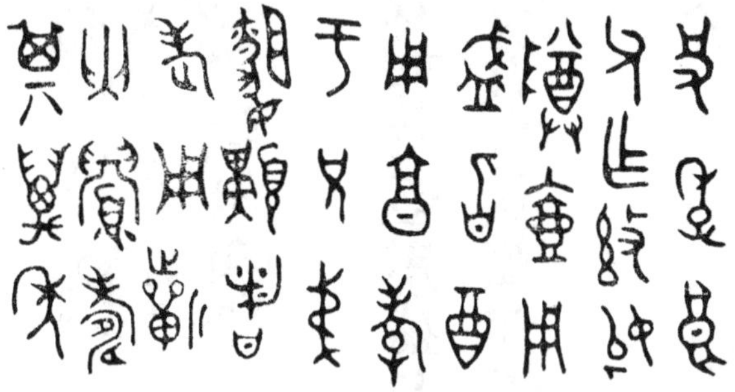

殳季良父作效始尊壺用盛旨酒用享孝于兄弟媵
䵼諸老用蘄匃眉壽其萬年霝終難老子二孫是永
寶

吴子苾搨本

周司寇壺

司寇良父作爲衛姬壺〻子〻孫永保用

司假嗣爲之數數見

筠清館搨本

周義熬壺

蓋

器

兮熬作尊壺其萬年子孫二永用享孝于大宗器銘子字

無重文

兮乃羲之省文舊釋爲平者誤也

長白素孟蟾方伯訥藏器

周邛君婦壺

邛君婦和作其壺子孫永寶用

邛有二一爲邛成侯國地理志俗本誤作部成在濟陰一在西南徼本邛都國漢武帝始開置以爲越巂郡者

也但皆漢地名漢以前之印則不可攷矣

姚聖常摹本

周父戊歈

酓 父戊

宋王復齋款識據阮芸臺師重摹本收一器文爲酓說文酉部酓酒苦也宋本說文脫此篆汲古閣初印本亦脫毛扆斧季補於部末金壇段君始據羣書補之皿部之盦歈部之歈皆从此得聲此文之爲歈之省文無疑王復齋旣

有之又見此器然則歙之是器名亦無疑

劉燕庭藏器

周竝匜

蓋

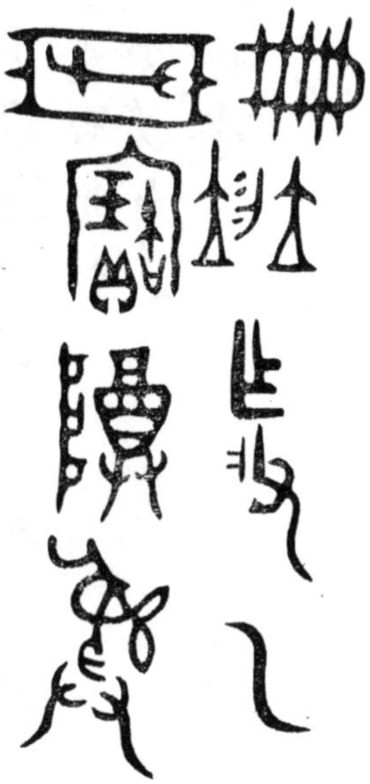

器

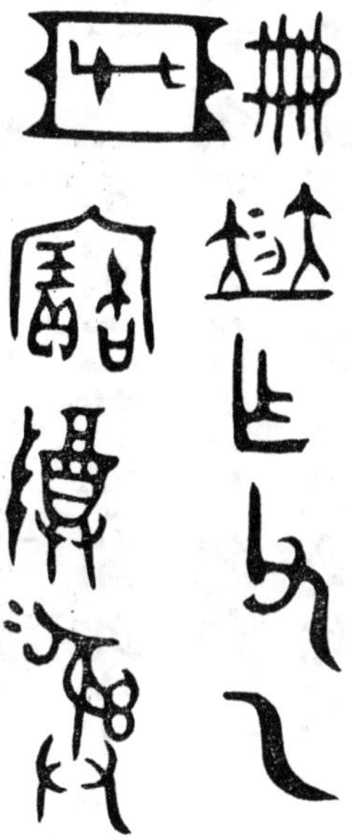

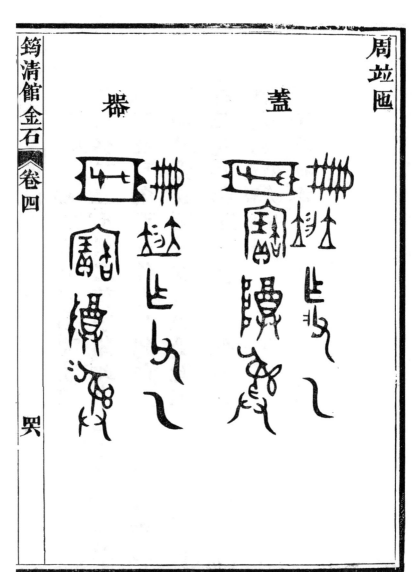

錫竝作父乙寶尊彝 器蓋同

册 矢在櫝形

其名从二立小篆之㬪字即此字也中爲錫蓋錫竝册及弓矢而竝作器以錫竝二字合書之也易王明竝受其福書立政竝受此丕丕基詩賓之初筵竝受其福王尙書引之經義述聞以爲皆讀如㬪是也 漢書借以爲旁字

吳子苾搨本

周相匜

蓋

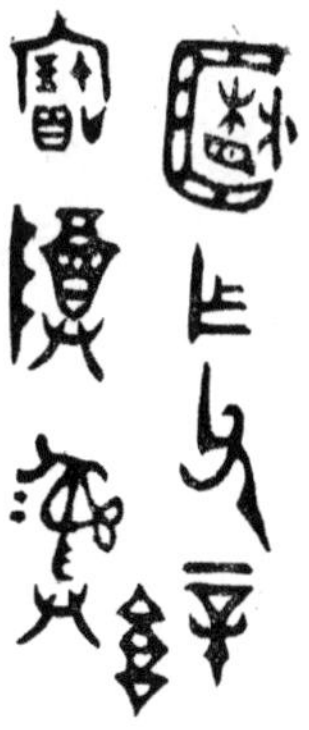

器

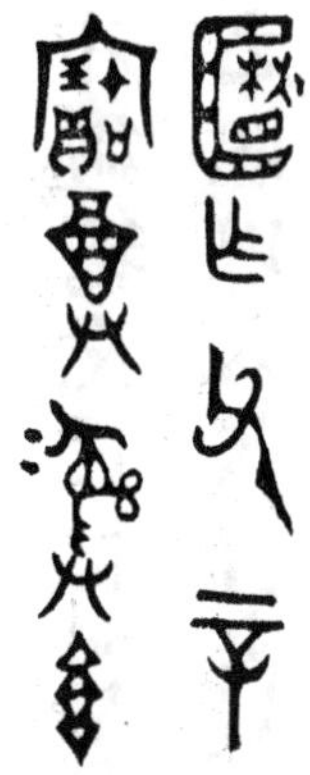

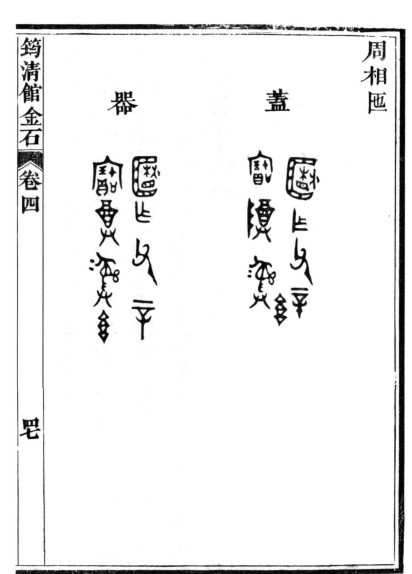

祭器形中相　作父辛寶尊彝亨 器蓋同

首一字外爲籀文匚匚者方器祭器如筐篚之屬皆得稱之此以人名合書於器形之中非古有从匚从相之文小篆相从目从木此古文从林小異

素布政藏器

周齊侯匜

齊侯作爲孟姬良女寶匜其萬年無疆子二孫二永寶用

㝵乃士昏禮㝵席之㝵㝵女猶言夫婦爾匜本也

聲此徑省作也

筠清館搨本

周叔娟匜

惟十又二月初吉乙子鄭大內史叔舟作叔娟媵匜

其萬年無疆子=孫=永寶用之
第二行乙子是乙亥丙子二日所作卽商兄癸卣
丁子周格伯敦癸子伯碩鼎乙子之例以子定上
日之亥以乙定下日之丙也

筠清館搨本

周匽公匜

匽公作爲羞乘盤匜萬年永寶用

少昊之後爲偃姓宋羅泌國名紀定偃姓爲二十

二國且有鄖國而舉楚昭陽伐魏取鄖以實之此器爲匽公作泌所謂鄖國不盡無徵乘盤匜四盤匜也乘馬乘韋之引申爾

筠清館搨本

周奉册匜

蓋

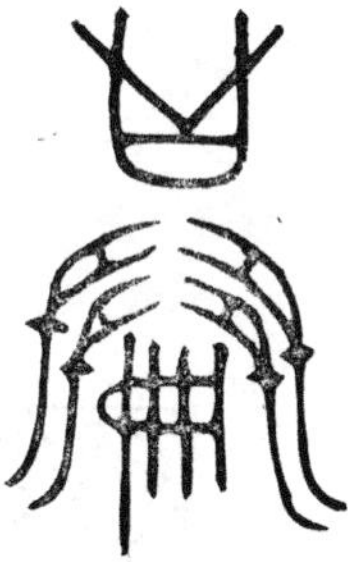

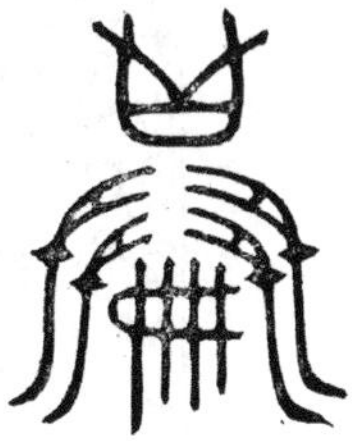

祭器形　兩手奉册形

葉東卿藏器

道光二十又二年壬寅中
秋南海吳氏筠清館刊

筠清館金石文字卷四終

筠清館金石文字卷五

賜進士出身資政大夫湖南巡撫南海吳榮光撰

嘉定瞿樹辰校字

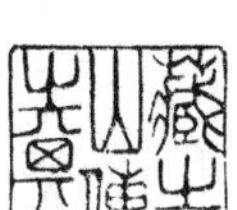

款識類

周父巳彝

父巳鷹

右鷹父巳彝高四寸五分深二寸八分口徑五寸五分腹圍一尺六寸足徑三寸八分重二十三兩圈足夔耳有珥口微侈腹間襍以瓔珞花䰠璧翣爲飾間著龜貝足周雷回饕餮之文銘三字巳父名也此是巳非已字古人多以十干爲名亦間有用十二支者如孟申仲酉之類是也鷹作器者之名蓋鷹爲父巳作此彝器也鷹作鷹之狀象形篆也按阮氏積古齋款識有商鷹父巳壺與此文畧

同制或同時然審是器邑澤雖古飾近文縟其爲
周物與
筠清館藏器

周輈形彝

父甲鑄作　車二輈及輪形

古者受車馬之賜則銘於器凡言旅車旅者眾也卿行旅從也亦或不言旅獨爲車形

吳子苾搨本

周泉伯彝蓋

隹王八月泉白錫貝于姜用乍父乙寶尊彝

古者錫貝蓋喪禮也惟喪事以貝爲重乃賻賵之

義孟獻子之喪司徒旅歸四布亦此義若嘉命寵

錫行於吉事者則有赤環赤芾馬鋚勒之賜有功則有弓矢圭瓚鬯卣之賜必無獨錫貝者讀南亞爯銘文自明白

姚聖常摹本

周絇甫彝

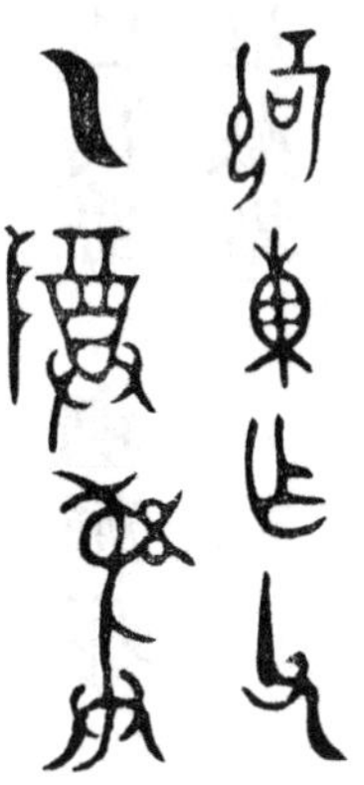

絇甫作父乙尊彝

葉眘州搨本

周廣彝

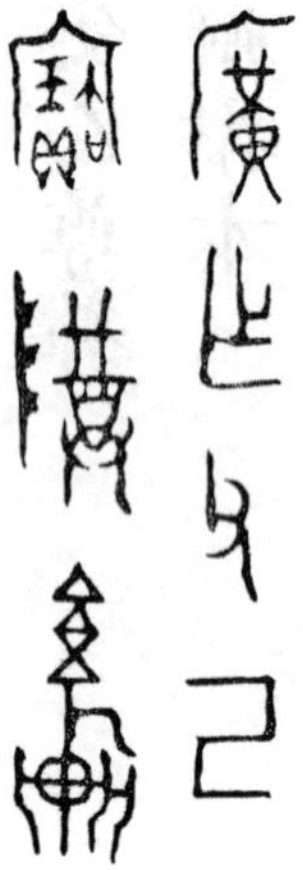

廣作父己寶尊　車旂形

劉燕庭藏器

周史桒彜

史桒兄生作且辛寶彜

兄生猶兄弟凡古器以兄生二文合書五見一爲叔家父簠左兄右生一白庚子簋一史桒彜皆右兄左生又見於汪氏鐘鼎字源所引者二器曰分

寧鐘分寧鼎左兄右生分寧二器搨本弗可見叔家父簋爲燕享兄弟之器此及白庚子簋爲兄弟祭其先之器　兄弟何以曰兄生曰蓋兄弟之孿生者也質家據所見先生曰兄後生曰弟文家推本意後生曰兄先生曰弟先生後生皆偁兄弟之詞其施於友朋謂之友生父行曰先生少者曰後生皆引申義非初義　有釋爲兄字謂祇一文史桒兄爲誰耶作器者之名反隱不詞甚矣

吳子苾搨本

周父辛彝

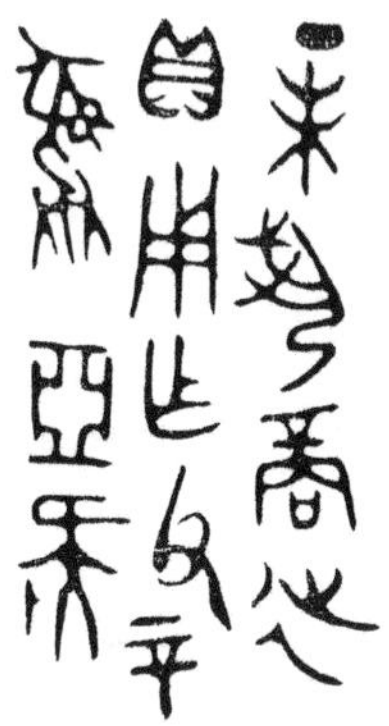

丁未伐商徙貝用作父辛彝亞□

徙貝卽俘貝意　春秋有二商楚子西爲商公魯諱定公以宋爲商凡曰正考父校商名頌者校宋之名頌也曰孝惠以下娶於商者娶於宋也

筠清館金石卷五 六

吳子苾搨本

周彝

宁陖仲□作父辛寶尊彝

陖字見玉篇云地名此从𡿧其羕文也仲下一字

亦是反文畧似勤字

筠清館搨本

周單異彝

單異作父癸寶尊彝

黃方立藏器

周咎彝

爵集木形　咎作父癸寶尊彝

吳子苾搨本

周彝

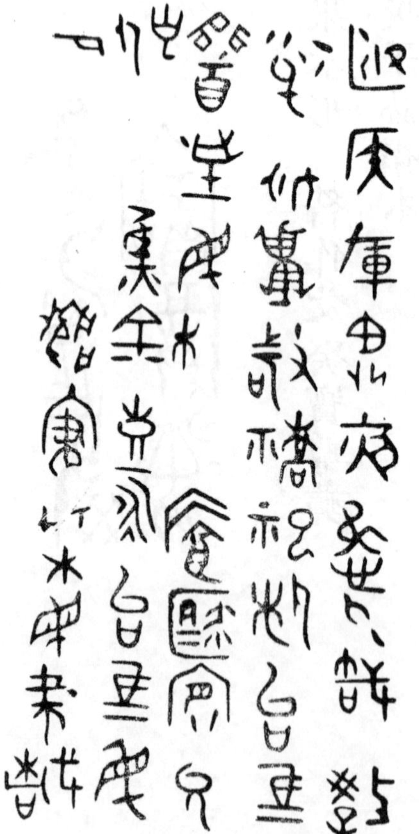

□侯載畏夜懋□哉數□□□庸敬禘祀私台亟齊登

册□□□□賓允□□□金豆永台亟册□□□□

聿□册肅哉

此器剝蝕已半存者如禘聿又別無左證不可屬

讀闕之　首一字疑滙滙國亦無攷水經淮漢書淮皆有誤爲滙者勿坿會之

吳子苾搨本

周戊彝

蓋

戊曰不顯朕皇且穆公中
夾髓夫王曰屖方諫成公
夾歷盟台秦廼大
戊斯命成夨且秦政
于丹桷加大勠
弦參汲止命曰工念㦯冊
天斁夾盌于二㦯夾㬎器

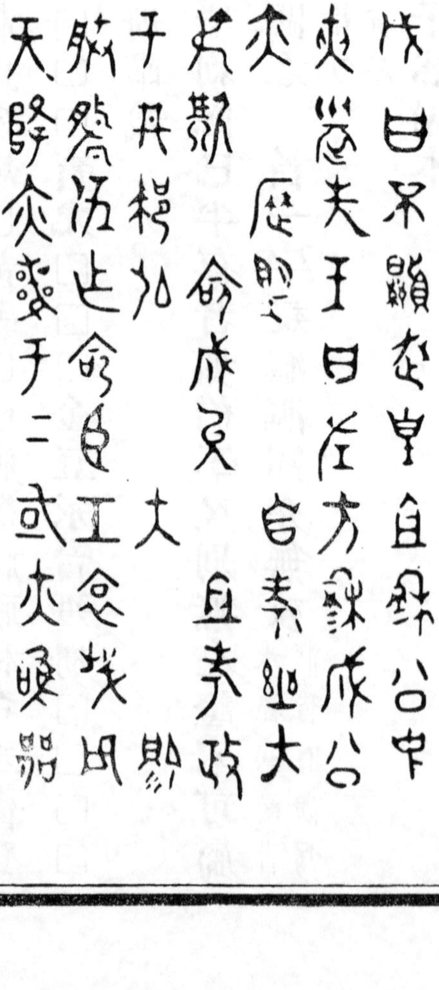

器

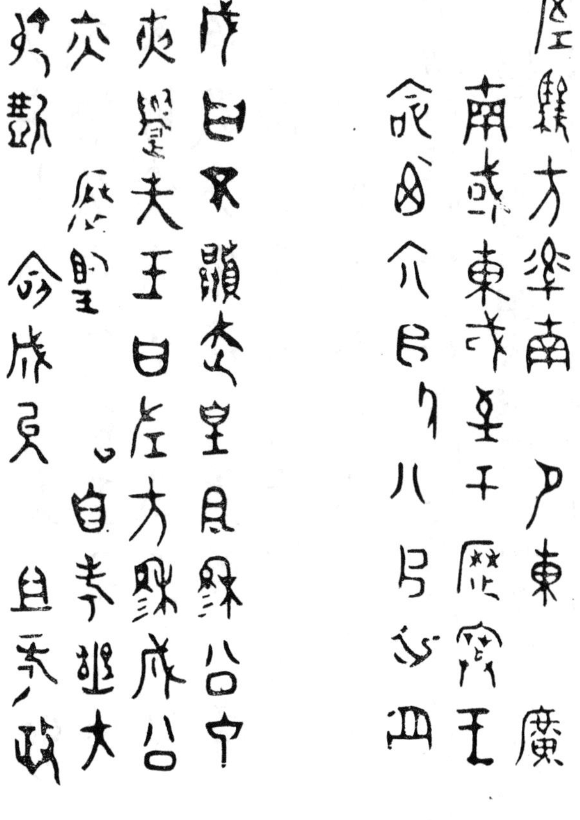

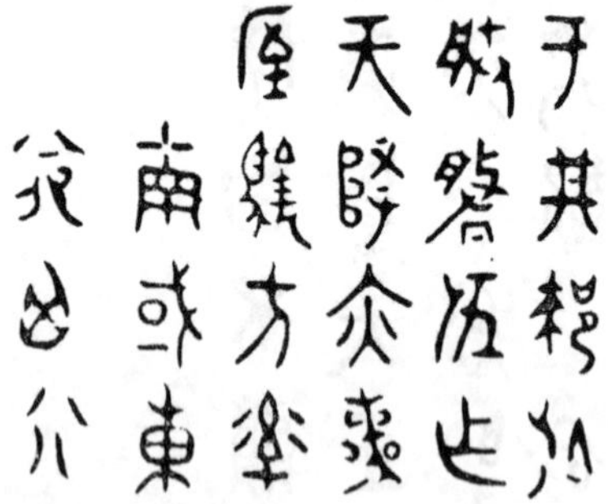

戊曰不顯□皇祖穆公仲夾□先王曰左方穆成公
亦□歷壆□□自考幽太叔□□命成允□祖考政
于刑邦宏□□大□□□朕般□作命臣工哀哉□

天降灾喪千二國亦唯□屋虢方率南□郎東□廣
□南或東或至于歷□王□命□□自□入自□立
器蓋同

筠清館搨本

周乙亥彝

乙亥王至□畢公迺錫史□□□□刑本爻其刑之
朝夕□

姚聖常摹本

筠清館金石卷五　十三

周十月彝

十月丁亥乙自乍飤𦨶其眚壽無諆永保用之

古尊罍皆有舟𦨶者假借字也

吳子苾搨本

周作書彝

乃生霸民歷用作季日乙書子=孫=永寶用

民歷猶言蔑歷也取諸雙聲此銘屬詞未完具古無謂作器爲作書者寶用器非寶用書也此人既作册

書以紀其蔑歴及作器而銘器者奪其㦰書字並非假借不必強爲說

王蘭谷搨本

周於彝

廟形 於

此反於字也說見於鼎

韓芸舫藏器

周錫彝

跪受錫形　錫　鼎　子孫

說文有片部鼎部冡片部而次之無爿部張參五經文字有爿部壯狀牆戕牀皆从之戴侗六書故則音之以臧疑唐本說文張參李陽冰所見片部之下鼎部之上原有爿部鍇時闕未可知也此字

合片爿爲文而大篆鼎字又从之所謂孳生愈多
者也此字見款識百餘處悉卽鼎之古文可以口
耳治不僅可以目治焉

吳子苾搨本

周居後彝

居趍□日君舍余三鋝戟貣余一斤女錫貣余一斤
素貣余一斤赶舍余一斤余鑄此康卯

此銘甚奇異大義可知此人自言其擇吉金鑄造之事也趨乃後異文居後恐是軍中官名蝕者一字是其名舍卽施舍之義貣卽稱貣之義君舍余三鋝戟鋝鍰同字蓋毀兵以鑄禮器也或曰考工記鄭注引漢三鋒戟此三鋒非三鍰亦通从斤从又者斤之異文言一斤凡四皆記吉金之數鍰者何也六兩太半兩也三鍰則一斤四兩斤者何也班固謂十六兩此器不應至八十四兩所鑄非一器也言女錫言素言赿皆人名赿徐鉉音巨言切

筠清館金石卷五　十六

末一字左从兒右从卪兒卽兒䚟之義卪與从又持之同義然則康郘猶康爵爾一說从卪取造酒有節也亦通

張子絜薦粲藏器

周安作公白辛彝

壘從王女南攸貝一 ⿰由吏安用作公白辛寶彝 子荷
貝形 旅車形
壘者何參也壘字句絕夏小正以參見參伏紀時
此言參見也紀時或用日或用月或用參攸乃韓

弈相攸之義從王女南攸王臣之爲媵與致女者也左傳以井伯媵秦穆姬王女南攸必以夏之三月參見之時是故春日陽倉庚鳴而豳女傷悲女公子歸矣桃李襛華而王姬命車矣國風三星在天見此良人亦此義⿰由叀左从東楚名缶之由右从叀必由之屬邕內有⿰甾叀字讀如迯恐此文亦讀如迯貝或實于鬲或實于匵此實于由缶之屬無不可奠安其名錫貝則微者也

葉⿱谷月州搨本

周𩰫伯彝

𩰫白𠂤寶鼎

此𩰫字析爲二文古銘器臨文變化有如此者

葉眘州搨本

周伯矩彝

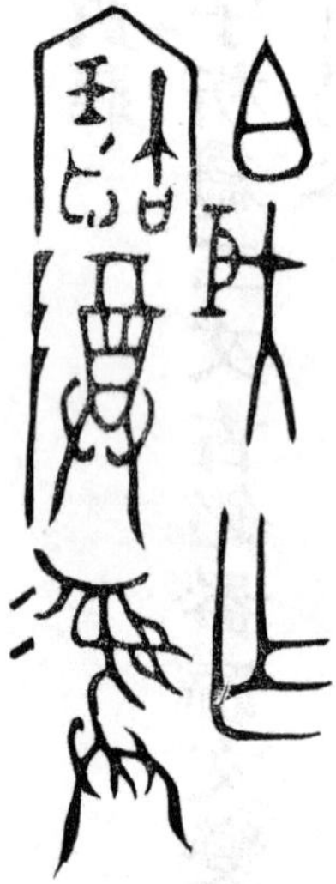

伯矩作寶尊彝

小篆矩左右互易

徐問渠搨本

周大保彝

典作寶尊彝　大保

此大保二字與積古齋所載子作彝又小異

吳子苾搨本

周臣廟彝

王作臣廟彝

夏松如藏器

周父舟彝

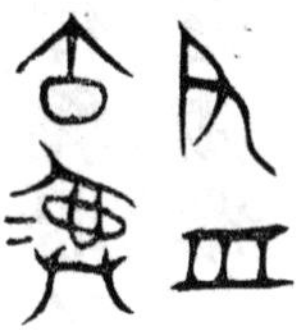

父舟寶彝

劉燕庭藏器

周商女婦彝

商女婦作彝鼎子孫

劉燕庭藏器

周宥旅彝

蓋

器

宵作旅彝器蓋同

龔云宎非人名此殉器甒壺之屬吳云此字仍釋宵爲是

玉蘭谷言搨本

周彝

山尊形

姚聖常摹本

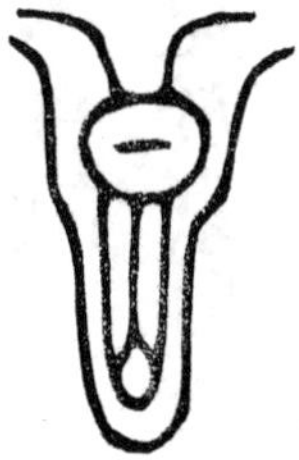

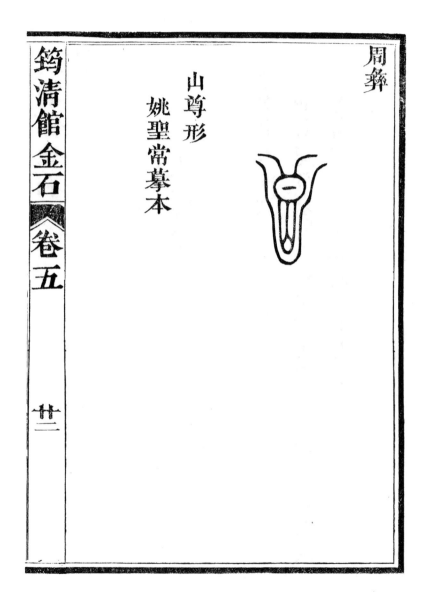

周彝

銘文字不可識

此彝見於京師市肆子苾手搨摹入其銘文與積古齋所收百丁彝同而筆畫小異

周彝

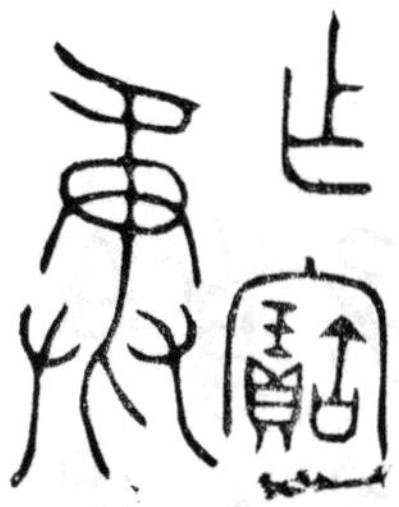

作寶彝

筠清館搨本

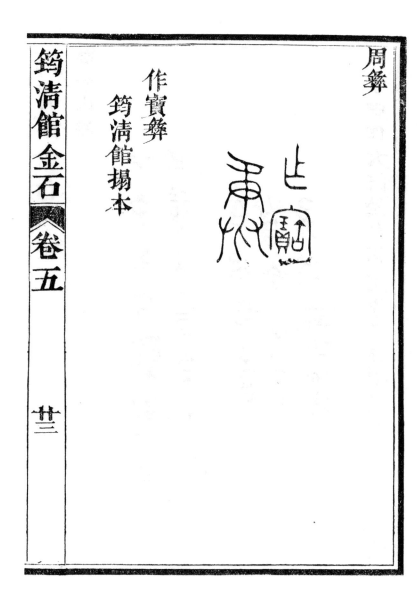

周兮中鐘

兮中作大龢鐘其用追孝于皇考己伯用侃喜歬文

父子孫永寶用享

龔曰兮乃羲之省羲中所作器非一舊釋皆作平

中誤吳曰□□□當是省文父釋作犇文人似非

省或是韻之假

吳子苾搨本

周虢叔鐘

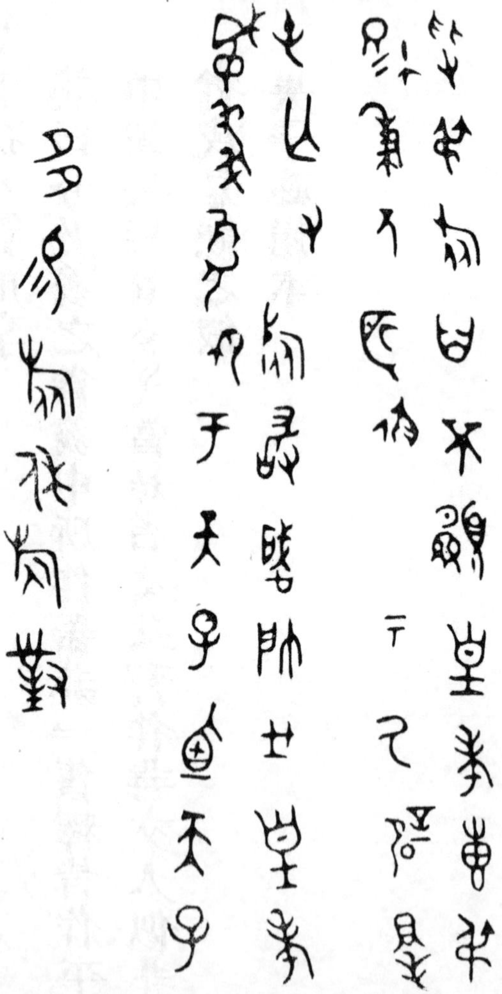

虢叔旅曰不顯皇考惠叔□秉元明德□□乃辟㝵
□亡□旅敢儀帥井皇考威義□□于天子迺天子

多錫旅休旅對天子魯休揚用乍朕皇考惠叔大林
龢鐘鑄皇考器十二畁上下𩰬=爵=降旅多福旅
其萬年子=孫=永寶用享

此與積古齋所收文全同古人制器一涅不止鑄
一器矣儀帥井猶詩儀式刑文王之德儀字假我
爲之从日是羨文井刑通器十二者祭器也畁上
下者陳於廟之器畁之訓爲舉也武壯之器須以
力舉之从由側詞切以爲聲从廾以爲訓左傳邲之
戰楚人畁之脫扃許慎所見古文及服虔本皆作

此字杜預本乃改爲甚字而此字於經傳不可復見矣斝爵之次第也斝爵皆有次第故爲重文言斝不一斝爵不一爵也　或言乃辟下當是德將亡醉四字用酒誥語

嘉興張叔未廷濟藏器

周虢叔編鐘

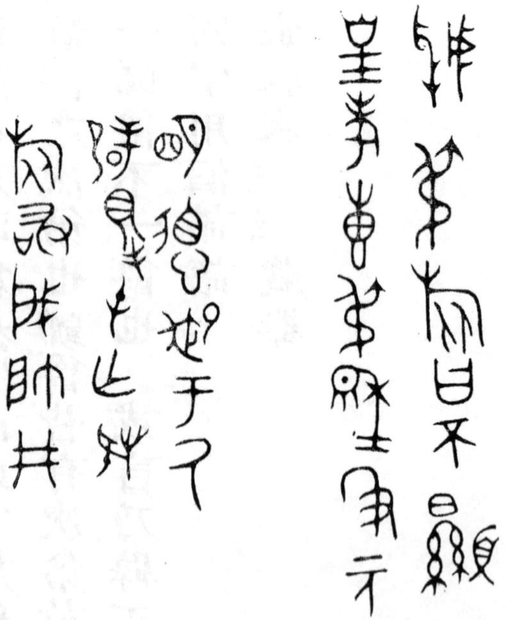

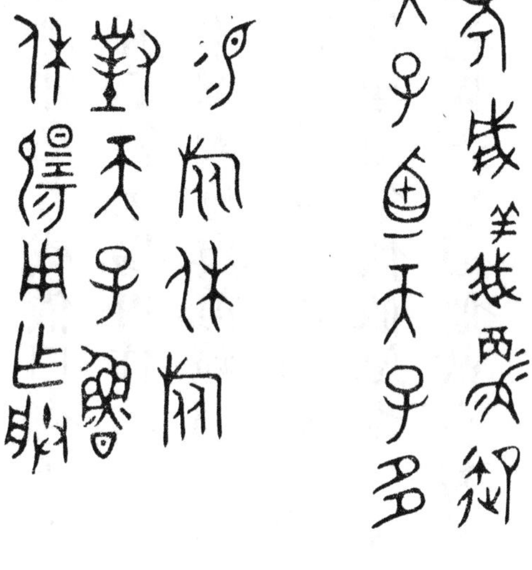

號叔旅曰不顯皇考惠叔穆秉元明德御于乃辟㝵
屯乍攸旅敢儀帥井皇考威儀□御于天子迺天子
多錫旅休旅對天子魯休揚用作朕
龔云此銘後半闕大意與前鐘同　第二十三字
右从卒極似醉但未諦其左所从姑闕㝵云乃辟
下當依積古釋㝵屯乍攸攸遠也此文與積古所
錄大林鐘文稍異蓋攸通悠故右旁从心耳
吳子苾搨本

周井人殘鐘

上文闕

井人册曰□叔文祖皇考⿱皀彡□乃德賚毛用曾永夊子吉女不敢弗帥用文祖皇考鉦間三十二字

穆=秉德女用馬□□□彝鼓左十一字

此拓本不全井是周畿內之邑毛其名　積古齋收此鐘而遺鼓左十一字今補其釋文

筠清館搨本

筠清館金石 卷五 廿九

周鐘

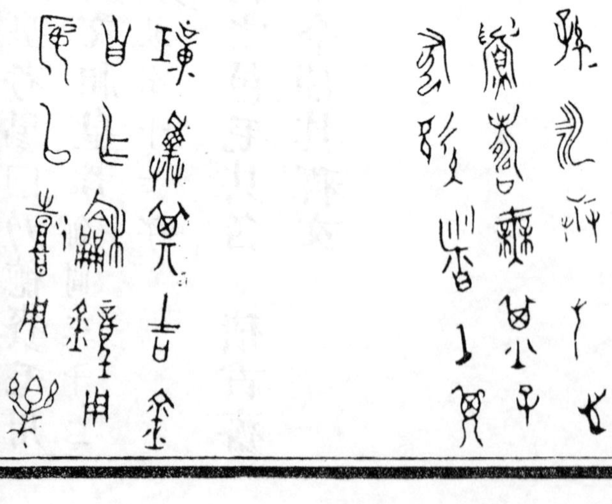

惟是十月初吉丁亥羣孫□子=孫=永奉□□眘
壽無基□□□者□其璋擇其吉金自作和鐘用□
以喜用樂
筠清館搨本

周鐘

⿰臣攴其▽鐘□

⿰臣攴不見說文从攴蔽擊意也第三字爲和之省爲叩之省未可定

秦敦夫藏器

周從鐘鉤

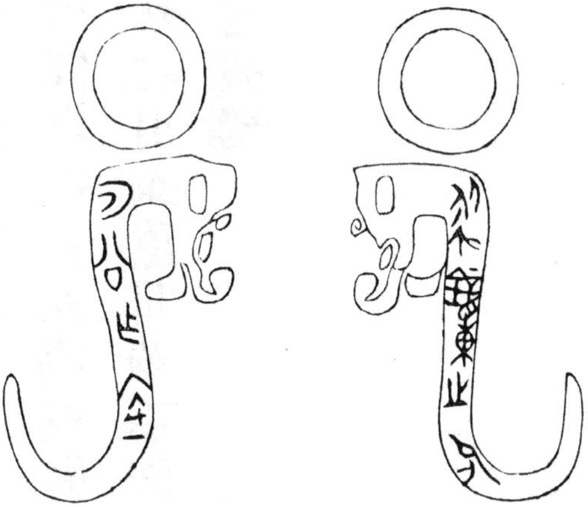

從鐘之句　□公作□

從鐘以征以行者也博古圖有從彝聞樂縣縣鐘磬矣縣之用鉤蔑聞鉤不任大鐘其編鎛與

龔定盦藏器

周飾戈

陳鑄節戈

按周公華鐘兩鑄字作作與此戈字相似但微有增損耳錢字見六書統彼以爲與鍋同音收入鍋下詳其義卽戈加金耳又父巳卣戈字作與此亦畧似讀曰陳鑄節戈無疑矣戈之流

傳者如夔之戈羊子之戈差勿戈氏右軍戈氏晉左軍戈高陽戈如夔如羊子如差勿皆名（夔亦國名）如氏晉高陽或地或國或氏此陳字可地可國可氏節字或師節意難肊斷也（程恩澤）

筠清館搨本

周堅金戈

堅金造戈

金旁戈作鉞集韻有此字云同鍋又同鐹划鉤也

吳子苾搨本

周刺兵

棘　棘棘棘棘棘棘棘□

棘从二朿故刺兵以爲銘

龔定盦搨本

周無㚤例

無㚤作

㚤不見說文或云臧之異文

葉東卿藏器

秦殘度

詔丞相

灋度量

壹歟疑

明壹之

始皇度歐陽公曾見於陸經家按其文當有四十

字此以殘闕僅存十二字矣

翁叔均搨本

秦量

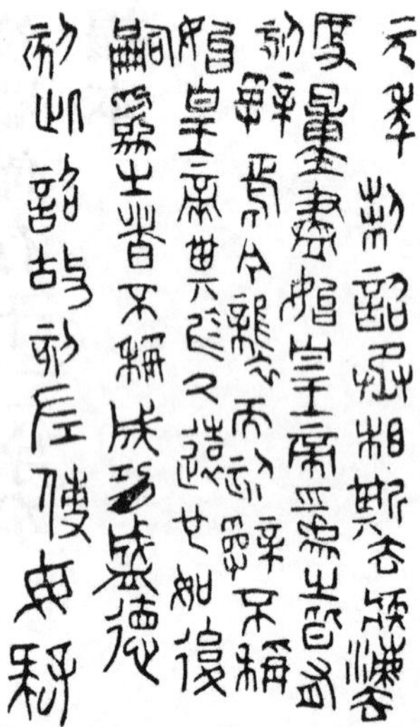

元年制詔丞相斯去疾灋度量盡始皇帝爲之皆有刻辭焉今襲而刻辭不稱始皇帝其於久遠也如後嗣爲之者不稱成功盛德刻此詔故刻左使毋疑

積古齋所收龔下尚有一號字度量字辟不字也
字皆摩滅不存
劉燕庭藏器

秦豆

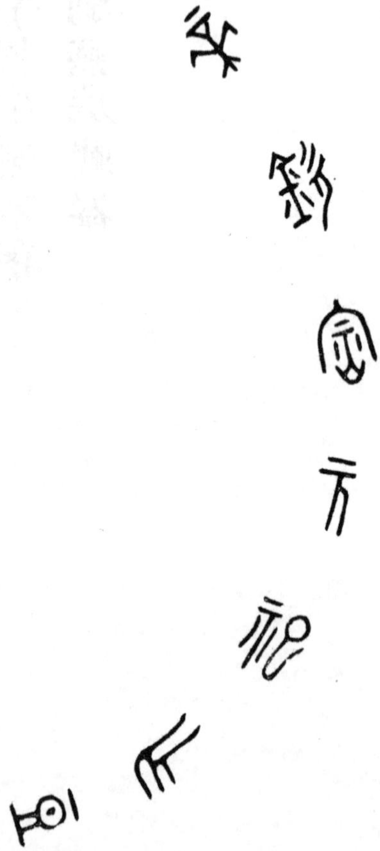

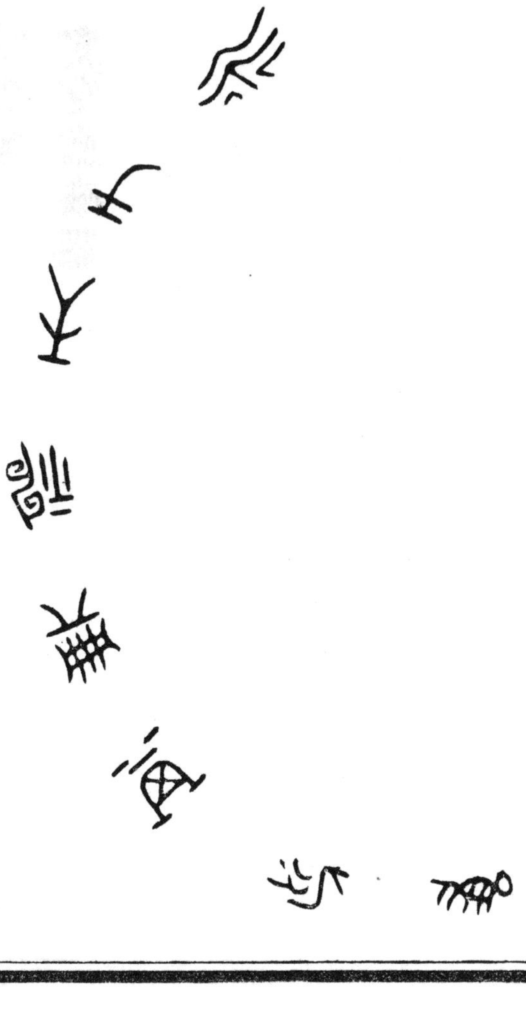

帝欽崇元祀作豆佳旅其典神天于永

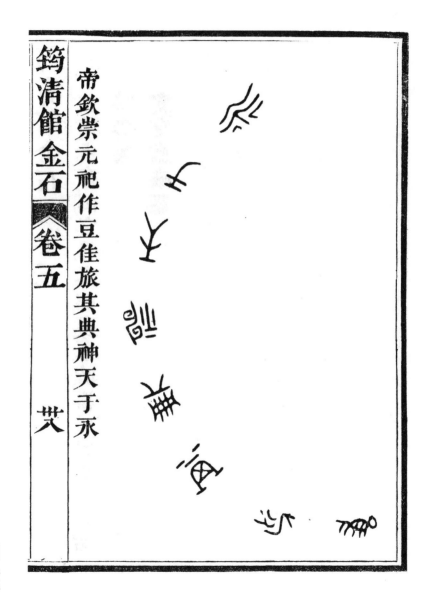

依積古齋例定爲秦昭襄王時器曰典神天者西
時器與
龔定盦藏器

漢建元戈

高陽右軍　建元二年造

此西漢武帝時物歷代年號自此始

筠清館搨本

漢車戈

艮山彊氏車戈卅

葉東卿藏器

漢成山宮渠鈄

成山宮銅渠鈄重二斤神爵四年卒史任欣
杜陽右尉司馬賞䕨少內佐王宮等造河南

扶

成山宮銅渠鈄重二斤神爵四年卒史任欣杜陽右
尉司馬賞䕨少內佐王宮等造河南　扶
六書溯源鈄俗鐎字說文鐎酒器也此器當亦是

盛酒之物

杭州僧達受搨本

漢兵

十二年邽司□伐部弗

上軍兵司□聶□□

鈞清館搨本

漢信都食官行鐙

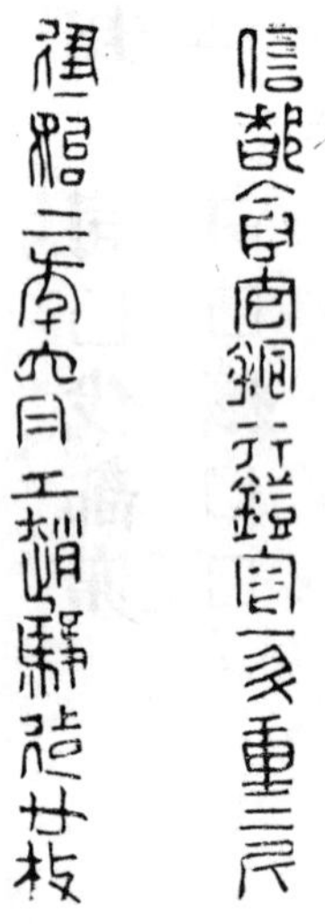

信都食官銅行鐙容一升重二斤

建始二年六月工趙駿造廿枚

漢書王子侯表中山孝王興建昭二年立爲信都王陽朔二年徙中山百官公卿表食官屬詹事鴻

嘉三年省詹事遂爲他屬此鐙造於建始二年是
孝王興立爲信都王之第七年其食官則尚屬詹
事也
翁叔均搨本

漢鐎斗

居攝二年丁卯正月朔日制

居攝二年丁卯正月朔日制

筠清館藏器

漢始建國權

律二斤
始建國元年
正月癸酉
朔日制

律二斤始建國元年正月癸酉朔日制

漢書律歷志權者銖兩斤鈞石也五權之制以義

立之以物均之此是五權之一而權斤者積古齋

款識載莽權二按其文皆云律石則是權石者律即光和斛所云稱尺依黃鐘律麻是也或石或斤皆依此律故通云律也自一斤至九斤各自有權此依律用權二斤者故云律二斤也攷莽傳以孺子嬰初始元年十二月朔癸酉爲建國元年正月之朔則此云正月朔即十二月朔也始說文作始从台此省作[illegible]从㠯爾雅釋詁台我也又予也廣雅訓以予也以義求之台以二字本可通用

翁叔均摹本

漢鐵尺

始建國元年造廿枚第六

始建國元年造廿枚第六

筠清館搨本

漢永建洗

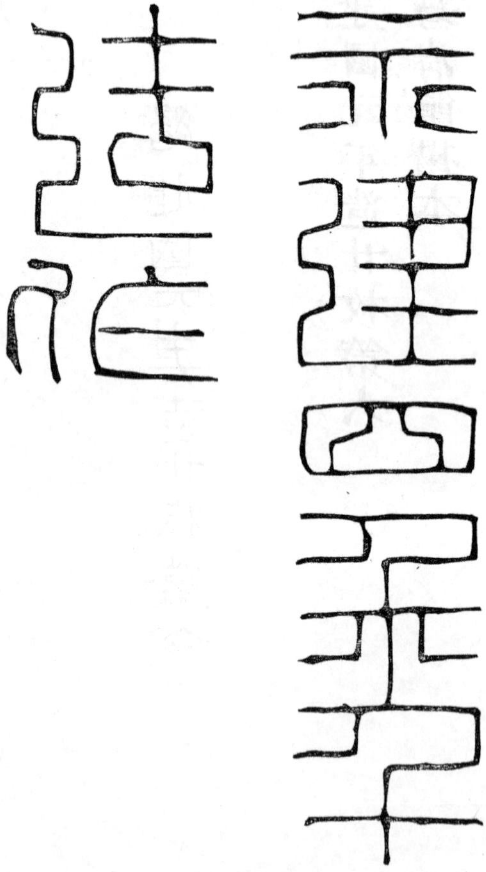

永建四年造作

鈞清館搨本

漢洗

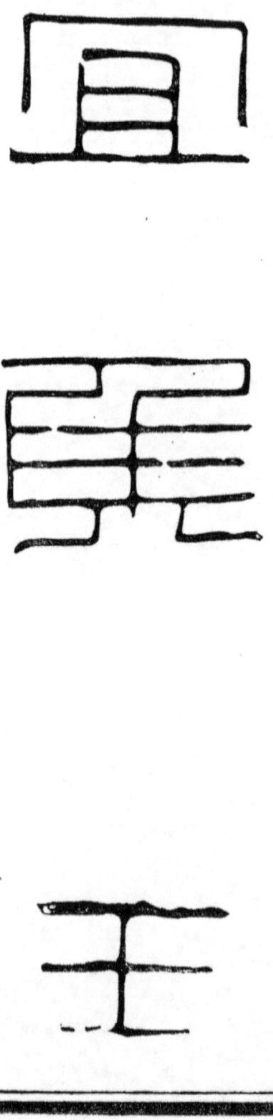

宜侯王

漢人銘器多用吉祥語此云宜侯王猶之鏡銘中

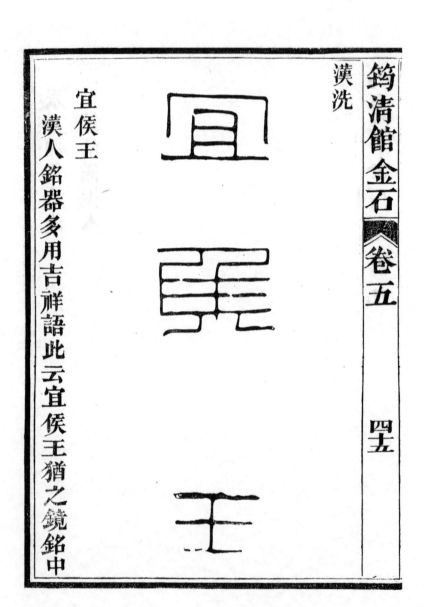

位至三公君宜高官等意頌辭也

筠清館藏器

漢洗

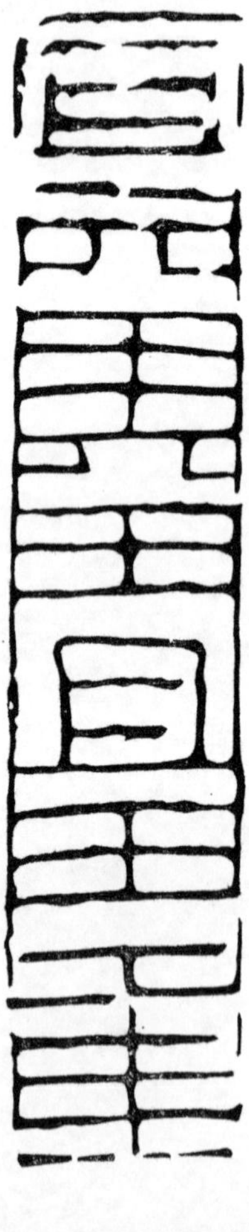

宜侯王宜王侯

筠清館藏器

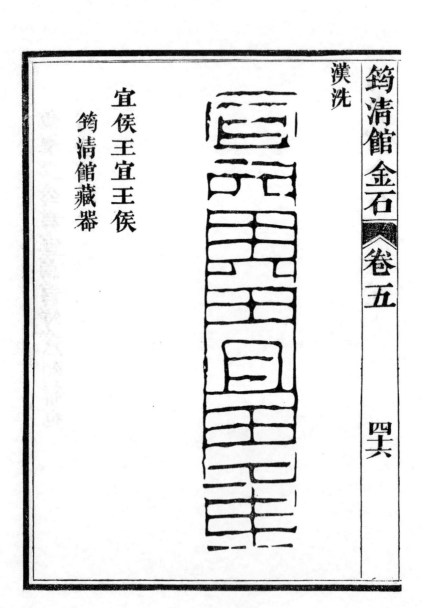

漢延熹弩機

筠清館金石 〈卷五〉 四七

延熹五年八月甲二日
集菀書官石銕
聖徽揚史韓忠
掾張忍丞趙蘇令
工當大僕臨掾郎
登監作

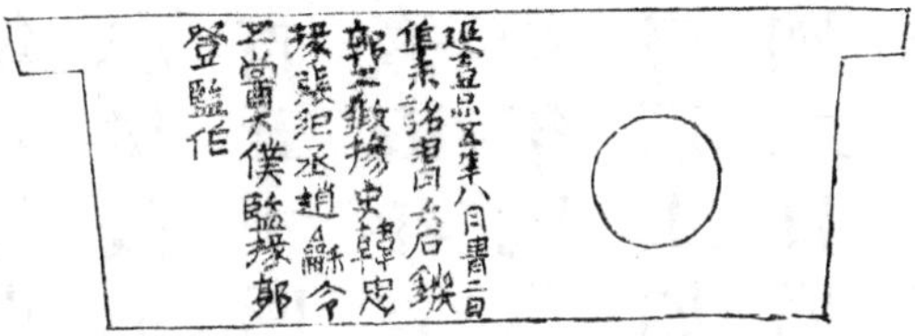

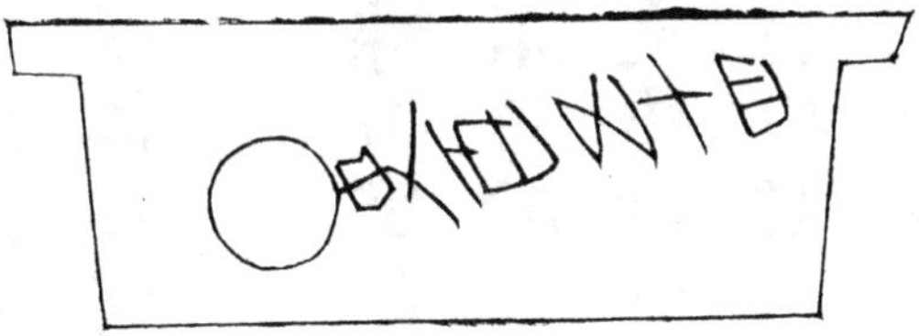

延熹五年八月冑二日作丁未詔書六石鐖郭工攵掾史韓忠掾張汜丞趙鯀令五當太僕監掾郭登監作　史百五十四

右延熹五年弩機文六行隸書字徑分許延熹後漢桓帝年號八月下一字不可識疑是朔字之别體紀日而上加朔漢唐碑文中往往見之朔始也初也朔二日猶今云初二日也其云作丁未詔書六石鐖者蓋作是機以奉詔於丁未之日也石衡名書五子之歌關石和鈞疏三十斤爲鈞四鈞爲

石六石當得二十四鈞此紀是機之力可得二十
四鈞也鐖字不見於說文以鐖爲機乃假借之字
陶南村輟耕錄舉古器之名列弩機於節鉞戈矛
盾後今據此機旣奉詔而作又列監作掾史等銜
名以示鄭重按其器高廣皆不及五寸其力可得
六石則其爲物必是飾於軍械間以爲樞機者而
非尋常之器飾可知矣稱弩機者弩力也機卽說
文云主發之謂機借乎致用之法不傳無可攷說
耳銘中掾史之前有郭工□三字郭工當是造此

機之匠工姓郭者下一字其名也又一面横列史
百五十四五字字徑三分強史編器之號百五十
四紀機之第數此必因其時同造之器甚多當不
僅弩機卽弩機亦不僅一枚也古人銘器詳悉如
此

筠清館藏器

漢光和斛

口文

大司農以戊寅詔書秋分之日同度量均

衡石桷斗桶正權概特更為諸州作銅

斗斛稱尺依黃鍾律歷九章算術以

均長短輕重大小用齊七政令海內都同

筠清館金石　卷五　四九

光和二年閏月廿三日大司農祾丞淳于
宮右倉曹掾朱音史韓鴻造

底文

大司
農以戊寅詔書秋分之日同度量
均衡石桷斗桶正權概特更為諸州

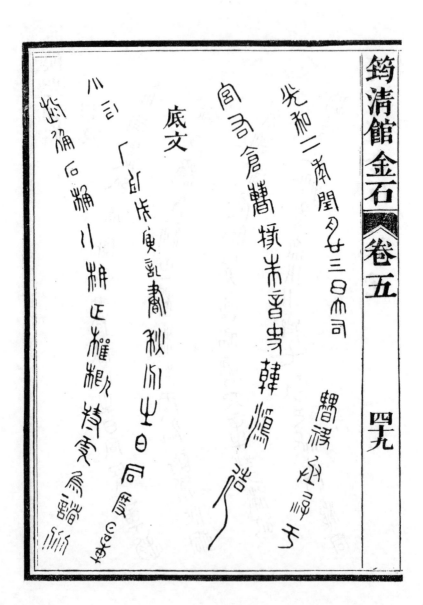

作銅斗斛稱尺依黃鍾律曆九章算術
以均長短輕重大小用齊七政令海內都
同光和二年閏月廿　曹祾丞淳于宮
倉曹掾朱音史韓鴻造
[illegible]

大司農以戊寅詔書秋分之日同度量均衡石桷斗桶正權概特更爲諸州作銅斗斛稱尺依黃鐘律厤九章算術以均長短輕重大小用齊七政令海內都同光和二年閏月廿三日大司農曹掾丞游于宮右倉曹掾朱音史韓鴻造 口底文同

陽安 在斛側

右光和二年銅斛藏弆家但稱漢量未有定爲斛者有王以算法徵之確知爲漢斛無疑其器圓而微橢以建初尺準之大徑尺有五寸小徑尺有四寸六分深九寸一分大小徑相乘得方幂二百一

十九寸圓率率之得圓冪百七十二寸弱以深乘之爲方一寸者千有五百六十五以攷工記徵之方尺深尺積千寸實一鬴六斗四升則一斛之積適得千有五百六十二寸半此器之實一斛蓋無可疑者矣或曰九章粟米斛法一尺六寸二分是以王莽嘉量斛積千有六百二十寸斗積百有六十二寸自是而升而合而龠皆以次遞差與此不同何也曰古人算術各有傳授不必盡同九章之不合於攷工鄭康成巳言之王莽嘉量布算疏舛

祖沖之已駁之且此器流傳數千載安知其無刓損其圓而微橢者安知非本爲正圓若以尺有五寸之正圓立算而以張衡圓率駁之圓周昇五方周昇八卽近世周昇十陪徑昇之說見劉徽九章注正得千有六百二十寸其於九章未嘗不密合也然則此器無論爲橢圓爲正圓皆有合於古人之斛法定爲漢斛夫復何疑徐君青

案斛銘明云依九章算術當是正圓乃與九章合刓此器出自嘉慶二十年歲在乙亥楊司馬世福

於唯州挑濬引河得之閱二千餘年安知不爲水
所淪汨而少櫥乎腰側一少方應爲龠積十爲合
積百爲升積千爲斗積萬爲斛舉首至尾而五量
皆具誠全器也戊寅當是日光和二年閏月考范
書閏月在三年冬而四年九月復有閏袁紀則閏
在三年九月如四年有閏則閏當在二年宜以長
厤推之大司農爲官卿一人中二千石丞一人比
二千石太倉令一人六百石此云右倉曹是漢有
左右倉曹而史畧之曹椽卽大司農姓氏帝紀桓

帝延熹三年以後大司農黃瓊靈帝中平元年以前大司農張遇中更廿三年無見曹覈當其一焉下側陽安二隸書當是置量之所范志汝南郡陽安道亭故國注引魏氏春秋曰初平三年置陽安郡尉蓋其地也陳頌南

李芝齡藏器

漢大梁鼎

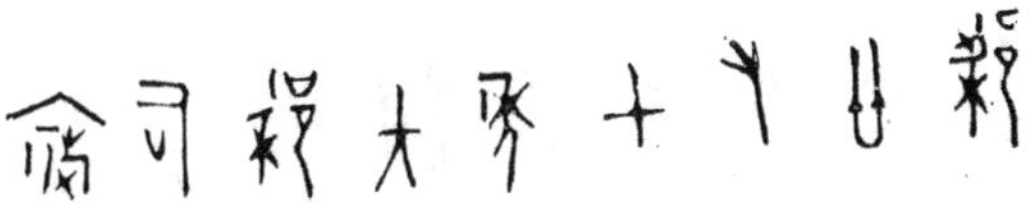

梁廿又五年大梁司寇□□智金爲量□四分

此漢梁王之器其稱梁廿又五年猶五鳳石刻稱魯卅四年也 吳子苾

李方赤藏器

漢菑川鼎

蓋　菑川金鼎蓋并重十十斤第十五

器　菑川金鼎容一斗并蓋重十六斤第六

菑川金鼎蓋　并重十十斤第十五

菑川金鼎容一斗并蓋重十六斤第六

案此鼎蓋云重十十斤第十五器云重十六斤第六其輕重次第悉不合乃當時互錯者十十即二

十也菑川國名建武十三年并入北海
翁叔均搨本

漢熏鑪

蓋

器

熏盧蓋重九兩 蓋文

熏盧重□斤三兩容二升四籥 器文

籥龠之借字龔定盦藏一器容一升十四龠有嬰

桃第一四字

吳子苾摹本

漢陵陽鬷

陵陽子明受王孫□作鬷用濤

陵陽隸丹楊郡說文鬷鬴屬第八字疑金

汪孝嬰萊藏器

漢錢范

貨泉二面二背

臣萬大利

鈢清館藏器

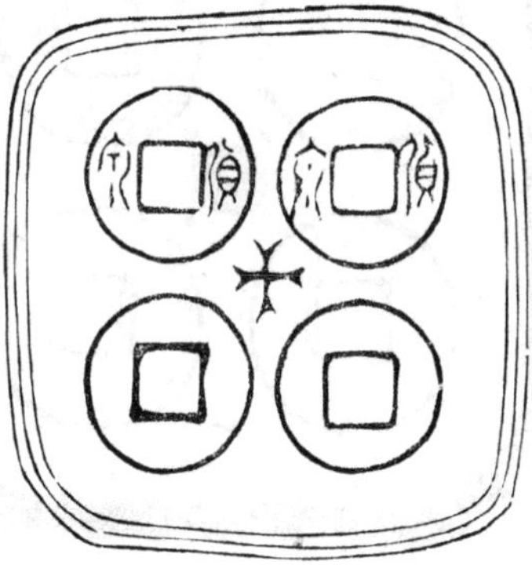

漢錢涅

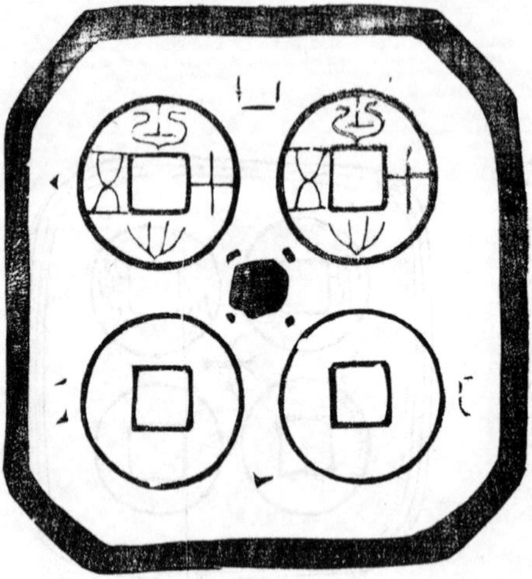

大泉五十 二面 二背 大吉
筠清館藏器

漢金

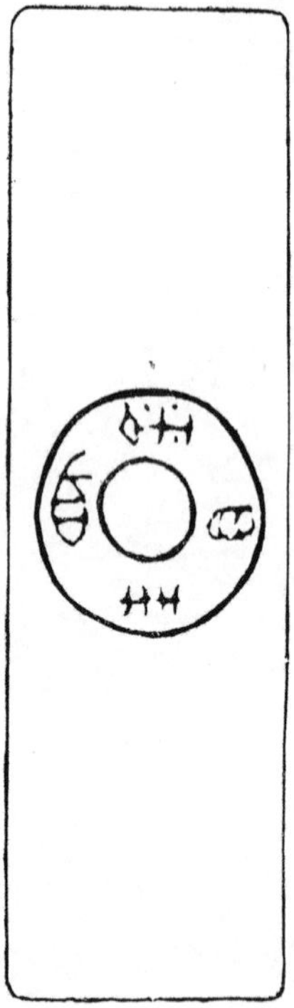

良金四朱

筠清館搨本

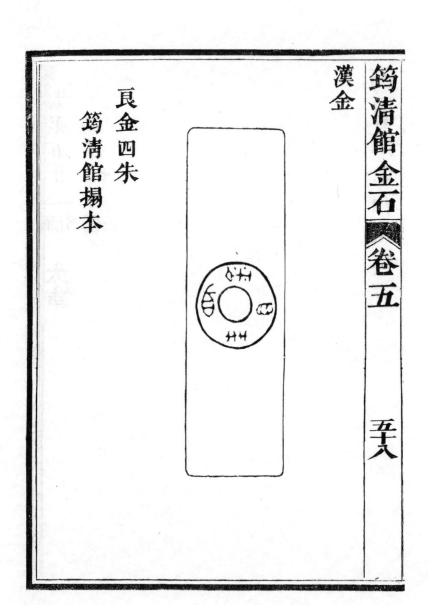

漢印逞

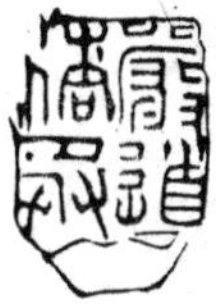

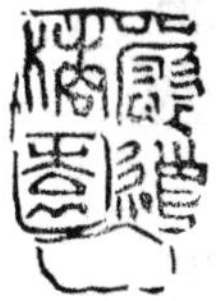

剛羝右尉　雒左尉印　嚴道橋丞　嚴道橋園

牛鞞長印　代郡太守章

剛氐道屬廣漢郡此作剛羝　雒屬廣漢郡　嚴道屬蜀郡班固自注云有木官不云有橋官此云橋丞橋園可以訂補漢志　牛鞞屬廣漢郡　代

郡屬幽州魏改爲州　尉皆从火與泰山都尉孔宙碑合　此漢世印埿子也以泥雜膠爲之道光二年蜀人掘山藥得一窖凡百餘枚估人賫至京師大半壞裂諸城劉燕庭仁和龔定盦各就估人得數枚山西閻帖軒藏數枚餘不知落何處以泥質歷二千年而不壞良可寶詫在金玉之上未曾有也此書不收印以收印別有專門之書也此六埿古今無譚及者恐奇寶就湮亟箸錄之俾附於款識之末

筠清館金石卷五　六十

前五星龔定盦藏後一星筠清館物

唐魚符一

面

背

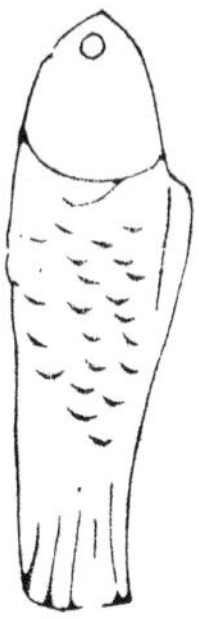

右同　武衛和川府第三

右武衛者唐十六衛之一也府者折衝府也凡十

道折衝府六百三十四而隸於十六衛者二百六
十有一此和川府則二百六十一之一
龔定盦搨本

唐魚符二

面

背

同潭州第一面文

合背文

此不隸衛則是六百三十四府之一新唐書於六

百三十四府皆不載其名舊書則載關內隸衛之
二百六十一而佚弗完具和川在所佚潭州折衝
竟無考
龔定盦搨本

唐龜符

面

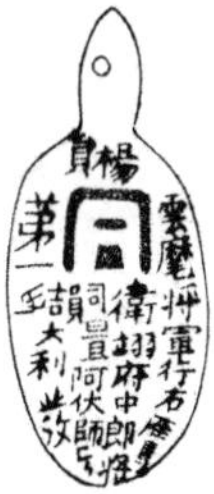

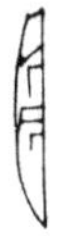

符側

背

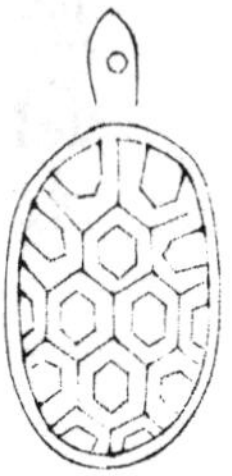

楊員　同此字陽文與前魚符同　第一　雲麾將軍行右鷹

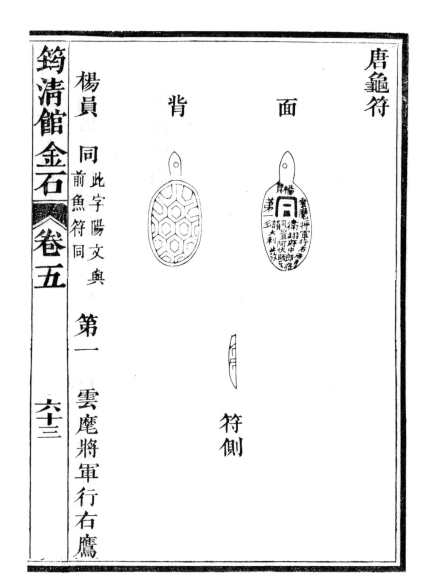

衛翊府中郎將鄖司疊阿伏師□吉大利發□面文

乍厄　側文

劉燕庭搨本

筠清館金石文字卷五終

道光二十有二年壬寅六月南海吳氏筠清館刻

筠清館金石卷五　六十四

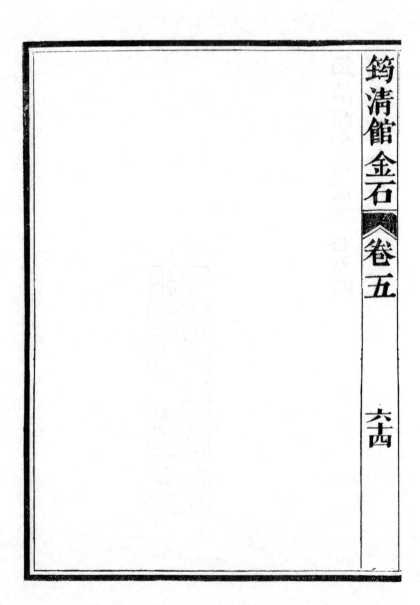